유럽 5개국 종교개혁지 여행기

저항자의 숨결을 찾아 떠난 소소한 이야기

보고 또 보고 생각하고 또 생각하고 묻고 또 묻고 그렇게
소통하면서 소소한 오늘을 살아가는 일상이 기도요 역사다

| 박순덕 지음 |

쿰란출판사

단체 일정

Frankfurt → Heidelberg → Worms → Eisenach → Erfurt → Eisleben → Wittenberg → Dresden → Praha → Tábor → Salzburg → Innsbruck → Zurich → Chamonix → Genève → Paris

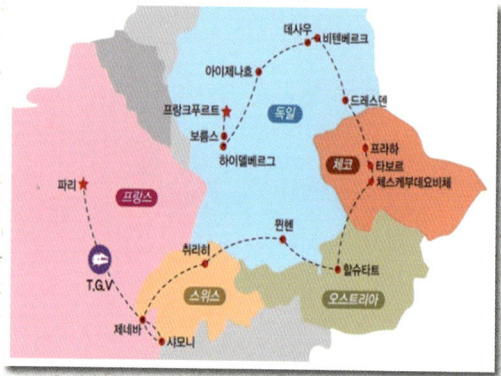

| 만하임교회 전경 및 예배실

네카강 건너 게르하르트 시가 있는 교회 벽면과 예배실

프랑크푸르트 장자크 바울 교회
학살당한 유대인을 기리는 석상

하이델베르크 고성 엘리자베스문

보름스 대성당

전쟁으로 철골구조만 남은 교회

종교개혁 기념 공원인 루터광장

바르트부르크 성과 루터가 신약성경을 번역한 다락방

열쇠가 세 개인 공동금고

망치를 든 루터

▌성마리아 교회 암퇘지 부조

▌암퇘지 부근 아래 거리·바닥의 그림

▌루터의 아내 카타리나 폰 보라

테제의 문이 있는 성부속성당

비텐베르크 루터 동상과 테제의 문

비텐베르크 루터결혼기념 축제

드레스덴 벽화 거리(레지던츠 성벽)

유럽의 발코니(브릴의 테라스)

프라우엔 교회

Czech

프라하 얀 후스 동상

틴성당과 화약탑

잘츠부르크 구시가지 전경

Austria

인스부르크 황금지붕

잘츠부르크 구시가지와 일행

Switzerland

취리히 대학에서 본 취리히 전경

바서교회 앞에서 단체 촬영

바서교회 앞 츠빙글리 동상

취리히 전경, 바서교회와 그로스뮌스터교회

1년 5개월 5일을 산 세관장 아기의 묘비

그로스뮌스터교회 외벽의 하인리히 블링거

제네바 종교개혁 기념 공원

칼빈의 묘지석

France

칼빈의 묘

유엔의 부러진 의자

프랑스 칼빈의 다락방(하숙집)

유럽 5개국 종교개혁지 여행기

저항자의
숨결을 찾아 떠난
소소한 이야기

보고 또 보고 생각하고 또 생각하고 묻고 또 묻고 그렇게
소통하면서 소소한 오늘을 살아가는 일상이 기도요 역사다

| 박순덕 지음 |

쿰란출판사

저항자의
숨결을 찾아 떠난
소소한 이야기

추천사

여행은 언제나 가슴을 설레게 합니다. 더구나 가슴에 오래 품어 삭여 왔던 곳이라면 더욱 그렇습니다. 목회자로서 종교개혁지를 돌아본다는 것은 참 많이 소망하는 일 중 하나입니다. 종교개혁지를 돌아보면서 동역자들과 함께하는 시간을 갖게 된 것은, 또 하나의 소중한 선물을 받은 느낌입니다.

노회임원으로 여행을 준비하고 진행하면서, 나름 정리하면 좋겠다 싶은 생각만 있었는데, 박순덕 목사님이 책을 낸다 하니 내 숙제를 대신 해준 것처럼 마음이 좋습니다.

함께했던 이들뿐만 아니라 종교개혁지를 돌아보고 싶어 하는 마음만 있을 뿐 가지 못하고 있는 분에게도, 그 땅을 밟으며 지낸 시간과 경험들을 공유할 수 있는 좋은 글입니다.

2018년 12월
백성훈 목사
(예향교회 담임, 현 용천노회 노회장)

이 글을 펴내며

교회를 개척하고 목회를 하면서 끊임없이 던지게 되는 질문은 '우리는 무엇을 믿는가?'이다. 나름대로 열심히 최선을 다해 신앙생활을 한다고 스스로 생각하는 이들조차도, 우리를 위해 십자가에 죽으신 예수님을 따르는 삶, 예수님을 닮은 인격의 향기보다는 자기중심적인 생각과 생활패턴으로 가득 차 있다.

'무엇을 믿는가'는 '어떻게 사는가'와 하나로 연결이 되는 것인데, 예수님을 주인 삼은 모습보다는 위급할 때는 주님의 이름을 부르다가 살 만하면 쉬 등을 돌리고 마는 것이 많은 그리스도인들의 모습이 아닌가.

예수님을 믿는다는 것은 내가 주인 노릇 하는 나 중심의 삶에서, 돌이켜 예수님을 나의 주인 삼아 예수님의 생각과 마음과 뜻을 생각하며 따르는 삶이다. 어떤 이들은 '하나님은 중심을 보시는데 가슴을 찢어서라도 중심을 보여줄 수 있으면 좋겠다'며 자기 신앙의 진실성이나 지극함에 대하여 조금의 의심도 없다.

무엇이 문제일까? 이런 이해할 수 없는 괴리는 어디서부터 오는 것일까? 질문과 고민을 거듭한다. 설교자의 의도와 전혀 다르게 말씀을 받아들이는 데서 오는 당혹스러움을 수없이 겪고 있다. 우리들이 원하는 하나님과 교회는 성경에 나타난 하나님과 교회와 큰 차이가 있음을 발견한다. 수영도 못하는데 다리 없는 강을 건너야 할 때의 막막함과 무력감에 허둥거린다.

하나님을 단지 세상 속에서 무사안일하게 살도록 하는 분, 신앙적 열심을 가진 자에게는 다음 단계로 올라가도록 형통을 주는 분, 스폰서나 심부름센터 직원 같은 분으로 아는 것 같다. 아니면 하나님을 돌 된 아이의 엄마 같은 분으로만 관계를 맺고 싶어 하는 것일 수도 있다. 오랜 세월 신앙생활을 한 자들도, 대를 이어 기독교신앙을 가졌다고 자랑하는 자들도, 주님을 닮아가는 자신을 자랑으로 여기는 마음은 찾기 힘들다.

어디서부터 잘못된 것일까?
왜곡된 하나님의 형상과 능력, 실종된 하나님의 성품, 비인격화된 하나님에 대한 추상적인 개념들…. 그래서 빗나간 '자칭 크리스천'인 삶, 참 하나님에 대한 소개를 하면 할수록 밀려오는 저항감, 그릇된 하나님에 대한 인식, 신앙이란 이름으로 포장된 전통적 종교생활에서 빠져 나오려는 의지가 전혀 없는 이들, 오랜 관념 속의 하나님께 묶여 버려 지병처럼 깊게 뿌리내린 사고와 마음과 행동들에 갇혀 있다.

하나님 나라의 핵심인 십자가 복음을 잊어버린 모습이다. 어쩌면 아예 처음부터 십자가 복음을 몰랐을지도 모른다. 하나님 나라는 십자가의 복음 없이 성취될 수 없는 나라다. 십자가 복음을 심장에

품은 사람만이 참된 성도의 길을 갈 수 있다. 자기를 쳐서 십자가 복음 앞에 복종시키는 삶이 없다면, 어떤 열정과 헌신도 하나님께서 부활생명으로 역전시킬 수 없는 홀로 타다 남은 재에 지나지 않는다. 본질적으로 하나님 나라의 십자가 복음 밖에서 이루어진 열정과 헌신은 생명 없는 불일 뿐이다. 이 불은 그저 '자기 의'만을 더 멋들어지게 치장하며 기만할 뿐 누구에게도 어떤 도움이 될 수 없다.

그간의 열정으로 나름 정성을 다하여 쌓은 공덕이 다 무용지물이 될 것 같은 불안감, 자기 존재 자체를 부인하는 것 같은 두려움에 쩔쩔매며, 그들이 만든 금송아지 하나님을 놓지 않으려는 몸부림, 참 하나님을 직면할 수 없는 공포를 가진 것이 교회 안에 있는 많은 이들의 모습은 아닐까? 나는 무엇을 어떻게 해야 하는 걸까?

나의 하나님은 어떤 분인가? 나는 하나님을 제대로 알고 있는 걸까? 하나님이 원하시는 교회의 참모습을 나는 제대로 알고 있는 것일까? 시대의 중심처럼 보이는 힘의 소리와 전통의 소리가 아닌, 하나님의 음성을 듣고자 성경책과 씨름하는 시간을 보내고 있다.

500년 전 저항자들의 숨결을 찾는 발걸음으로 무엇을 발견할 수 있을까? 그 시대의 '중심'에 있던 오용된 권력의 폭력에 제압당하고 비틀거리던 '주변' 사람들을 좀 더 가까이에서 더듬어 만져 볼 수 있을까. 주변인이었던 저항자들, 그들을 역사는 개혁자라고 칭한다. 당시 저항자들의 하나님, 저항자들의 교회를 좀 더 실제적으로 만날 수 있기를 기대한다. 그래서 교회가 새로워지고 삶이 바뀌는 길을 걸을 수 있는, 믿음으로 단단해지는, 손에 손을 잡은 동지들이 더 많이 일어나 사자처럼 팀을 이룰 수 있는 대로가 열리기를 소망한다.

이 글은 학문적인 이야기라기보다는 개인적인 느낌과 생각들을 정리한 수필 형식의 글이다. 대부분의 많은 목회자들처럼, 작은 도시의 한 틈에 자리하여 주목받지 않는 매일을 살아가며 고민하고 질문하기를 반복하는, 성도이면서 동시에 목회자인 한 사람의 나들이를 정리한 것이다. 좀 점수를 준다면, 더듬거리고 비틀거리며 믿음의 선배들의 숨결을 느끼고 잡아 거울삼으려는 마음이 보태진 이야기이다.

작은 소망이 있다면, 이 이야기를 통해 진지하게 하나님을 찾고 있는지, 진리 위에 서 있는지, 하나님 나라의 깃발인 십자가 복음 속에서 주님과 함께 맛있게 반죽되는 매일의 일상이 있는지, 스스로 고민하는 매일의 소소한 삶을 살아가는 순례자들이 하나둘 더해지는 것이다. 하나님 나라의 십자가 복음이 흙반죽 덩어리인 인간 속에 누룩으로 들어올 때, 비로소 우리는 인격적인 존재, 향기로운 존

  재가 되는 길을 시작하게 된다. 예수의 향기가 솔솔 피어오르는 인격, 담장을 넘어 향기가 퍼져나가는 인격이 된다.
  나는 평범한 목회자로서 우리 모두가 예수 향기가 물씬 풍기는 빵이 되어 살아가는 행복한 날을 꿈꾼다.

2018년 12월
박순덕

차 례

추천사 _ 백성훈 목사(예향교회 담임, 현 용천노회 노회장) • 04
이 글을 펴내며 • 05

1. 어느 날
   어느 날 문득 들려오는 소리 • 15

2. 해외로
   5월의 잔인한 푸르름 • 19

3. 독일, 낯선 이들과 한 집에서
   프랑크푸르트에서 만하임으로 • 25
   낯선 도시, 낯선 사람들 • 28
   나 홀로 여행 • 30
   요상한 날씨 • 33

4. 독일, 6월 4일, 5일
   성령강림주일 • 37
   성령강림절 공휴일 • 41

5. 독일, 일행과 함께
   프랑크푸르트에서 하이델베르크로 • 51

6. 독일, 나를 도우소서
보름스 대성당 • 67
하일스호프 공원과 루터 광장 • 69
삼위일체 교회와 마그누스 교회 • 74

7. 독일, 수도사가 되겠습니다
아이제나흐 • 78
에르푸르트 • 88

8. 독일, 루터의 도시
루터의 도시 아이슬레벤 • 97
루터의 도시 비텐베르크 • 103

9. 독일, 유럽의 발코니
드레스덴 • 121

10. 체코, 엘베 강 건너
프라하의 밤거리 • 133

11. 체코, 지슈카의 전쟁터
지하도시 타보르 • 151

12. 오스트리아, 알프스 아래
    잘츠부르크 • 162
    인스부르크 • 169

13. 스위스, 강가의 도시
    취리히 • 180

14. 프랑스, 세계의 영봉
    샤모니몽블랑 • 199

15. 스위스, 칼빈의 도시
    칼빈의 도시 제네바 • 207

16. 프랑스, 위그노들의 순교지
    파리에 평화를 • 231

나가는 글 • 248
후기 • 250

저항자의
숨결을 찾아 떠난
소소한 이야기

To. 프랑스, 위그노들의 순교지

To, 어느 날

Travel

1. 어느 날

어느 날 문득 들려오는 소리

2017년은 종교개혁 500주년이 되는 해이다. 1517년 10월 31일, 마르틴 루터는 나무망치를 들고 '95개조 논제'가 적힌 종이를 비텐베르크 대학 성당 정문에 못 박는다. 이 사건은 결과적으로 개신교라는 새로운 기독교 영성을 탄생시켰다. 또 유럽의 정치와 종교, 소통과 문화, 사회와 복지, 교육 등 모든 분야에 경건한 영향을 주었다.

독일, 체코, 스위스, 프랑스는 개혁운동과 깊은 관련이 있는 곳들이다. 내가 속한 용천노회에서는 종교개혁 500주년을 맞아 유럽 5개국 종교개혁지를 둘러보는 계획을 했다.

나는 2010년 초반부터 오직 주님을 바라보고 주님만 의지하며 주님만을 생명과 힘의 근원으로 삼고 살아가는 광야훈련을 하나님께로부터 혹독하게 받고 있는 중이다. 이 훈련과정 속에서 하나님은 나에게 교회 안팎의 활동을 대부분 차단하고 하나님과 친밀해지길 원하셨다. 그래서 어떤 모임에도 참여하지 않는 정박된 생활을 하고 있다. 2017년 후반이 되면서 하나님은 조금씩 외출을 허락하셨다.

그러나 유럽 5개국을 방문한다는 것은 강 건너 불 보는 심정이 아니라 산 너머 남의 얘기인 듯 아무 관심도 없었다. 나는 촌구석에 박혀서 이름 없이 살아가는 조그만 개척교회 목회자다. 그런데 한 해 결산의 십일조가 넘는 비용을 소비하며 긴 기간 교회를 비우는 것을 상상이나 하겠는가?

그런데 어느 날 생각지도 않은 지인으로부터 전화가 왔다. 유럽 5개국 방문에 대한 얘기를 했다. 나는 한 귀로 듣고 한 귀로 흘렸다. 그리고 또 몇 달이 지났다. 유럽에서 유학한 친구로부터 전화가 왔다. 자신은 가지 못한다고 하면서 나에게는 종교개혁지에 가보라고 권했다. 하나님께서 내가 가기를 원하실지 고민하며 기도하기 시작했다. 나는 이미 신청하기는 늦은 때라는 생각이 들었지만, 노회 사무실에 전화를 했다. 현재 만석이라고, 혹 결원이 생기면 가능할 것이라는 답변이다.

얼마나 지났을까. 가능하다는 연락이 왔다. 성도들과 이야기를 나누고 기도를 부탁하고 두 주일간 교회를 비울 계획을 세우며 베란다 문을 열고 옥상의 텃밭을 보니, 감자 꽃대에 연보랏빛 꽃망울이 올라온다. 순간, 감자 종자를 가져와 재배법을 알려준 칼 귀츨라프가 떠오른다. 그는 개혁자 루터의 후예로 루터교 목사이며 의사이다. 1832년 충청도의 섬에 한 달 가까이 머무르며 환자들을 치료해주고, 주님의 말씀과 감자 재배법을 전수해 준 분이다. 우리에게는 최초의 외국인 선교사이다. 구름처럼 잠깐 머문 나그네의 손길을 통해 복음의 씨와 감자 씨를 받은 우리, 그 씨앗이 굶주린 한 나라 백성에게 오랜 세월 동안 얼마나 놀라운 생명을 주는 힘이 되었는지, 그는 당시 상상도 못했을 것이다.

귀츨라프의 길을 인도하시어 그가 만난 조선이라는 조그만 나라에 새 일을 시작하신 하나님의 방문, 그 어루만지심이 이어지면서 오늘 나의 삶이 있게 된 것이다. 그가 전해 준 감자로 인해 강원도는 감자바위라는 별칭도 갖게 되었다.

> 나의 가는 길 주님 인도하시네
> 그는 보이지 않아도 날 위해 일하시네
> 주 나의 인도자 항상 함께하시네
> 사랑과 힘 베푸시며 인도하시네 인도하시네
> 광야에 길을 만드시고 날 인도해
> 사막에 강 만드신 것 보라
> 하늘과 땅 변해도 주의 말씀 영원히
> 내 삶에 새 일 행하리

나는 순례여행이라는 말을 별로 좋아하지 않는다. 오늘 내가 살아가는 삶의 자리가 순례자의 삶이지, 지난 과거의 발자취를 오늘이라는 현실에서 밟아 본다는 것이 그리 대단한 의미가 있다고 생각하지 않기 때문이다.

그러나 이번 순례를 통해 영원토록 농일하고 변함없는 하나님의 숨결과 저항자들의 시대 속에 일하셨던 하나님을 만날 수 있기를 기대한다. 동시에 그들이 직면한 현실과 문제 속에서 침륜에 빠지기보다 저항하고 고민하며, 질문하고 소통하면서 대안을 찾는 몸부림의 영성을 내 안에 깊이 담을 수 있기를 갈망한다. 또한 하나님께서 오늘이라는 시대 속에서, 나를 동역자로 초대한 부르심에 합당하게 전진하는 삶을 살아내는 걸음이 될 수 있기를 기도한다.

2. 해외로

5월의 잔인한 푸르름

5월 30일 화요일, 혼자 떠나는 해외여행은 처음이다. 약간의 두려움과 '아버지 되신 하나님이 좋은 길로 인도하실 것'이라는 안도감 속에서 탑승 수속을 했다. 6월 5일 저녁부터는 노회원들의 단체 여행에 합류하지만 그전까지는 자유여행이다.

비행기에 올랐다. 너무도 지친 나를 위로하시는 하나님의 손길일까. 창가 날개 부분에 자리한 내게 옆자리가 비는 행운이 왔다. 붉은 해와 함께 서쪽으로 날아가는 비행기 안에서 담요로 몸을 감싸고 눈을 감는다.

이번 5월은 내겐 너무 가혹하고 잔인한 달이었다. 5월 마지막 금요일 오후 3시가 넘자 체력이 바닥이라는 신호가 왔다. 머리와 몸이 따로 놀기 시작했다. 그래도 미룰 수 없는 꼭 해야 할 일은 산더미였다. 순간 계단에서 비틀대다 아래까지 여지없이 굴러 떨어졌다. 울 수도 웃을 수도 없는 참담함, "나는 개똥벌레, 어쩔 수 없네…"라는 노랫말이 이런 상황에서 나온 걸까? 저녁 9시가 다 되어서야 가까스로 일을 마쳤다. 25년 만에 만나기로 한 친구들이 아직 연락이 없는 걸 보니 원주에 도착하지 않은 모양이다.

땀에 찌든 몸과 혼미한 정신으로 댕댕거리며 집을 향해 달린다. 도착하자마자 전화벨이 울렸다. 집 근처에 와서 살짝 헤매는 모양이다. 헤매는 덕분에 내가 먼저 도착한 것이 나를 안도케 한다. 오랜만에 만난 친구들과 새벽까지 졸린 눈을 비비며 얘기를 나누었다. 긴 세월의 간격이 의사소통에 조율을 필요로 했지만, 그래도 반가운 친구들이다. 25년간의 이런저런 얘기를 나누다 잠이 들었다.

토요일 아침, 타박상으로 온몸이 욱신거렸다. 뜰에서 키운 호박으로 죽을 끓여 간단히 아침을 챙겨 먹고 백운산으로 향했다. 수도권의 찌든 공기를 마시며 사는 인생들에게, 산에서 느낄 수 있는 맑은 숨결과 봄 향기를 선물하고 싶었다. 때 맞춰 한지축제도 있어서 한지테마파크도 관람하고 헤어졌다.

주일을 보내고, 월요일은 긴 공백 기간을 위해 처리하지 못한 교회 일들을 숨 가쁘게 마치고 몸을 비행기에 맡긴 상태다. 5월은 푸르름이 가득하고 부드럽고 시원한 바람이 꽃향기와 함께 스치는 맑고 상쾌한 계절이다.

그러나 내게 5월 한 달은 피곤하고 지치게 하는 일들로 가득했다. 종교부지 접수가 유럽 여행 중에 있다는 것을 갑자기 알게 되었다. '접수를 하느냐 마느냐'를 고민하고 기도하며 융자 낼 곳을 알아보느라 분주하게 움직였다. 필요한 서류를 준비하며 접수와 계약을 대신해 주실 분을 찾아 부탁하는 일 등이 너무 복잡하고 어려웠다. 무엇보다 입이 무겁고 믿을 만하며 인터넷뱅킹을 할 수 있는 분, 접수하는 날과 추첨에 당첨되면 계약일에 시간 여유 있는 분을 찾아야 한다. 게다가 비어 있는 작은 점포가 계약이 되어 짐을 빼서 옮기고 청소하는 일로 수일을 보냈다. 허리도 다리도 팔도 여기저기서 시끄럽게 아우성이다.

또 다른 임대 준 집이 이사를 나간 후 문을 열어 보니, "아~" 깊은 한숨이 저절로 나온다. 세입자의 깨끗하게 청소했다는 말은 묵은 때 사이에 꼭꼭 숨은 듯하다. 온통 먼지가 켜켜이 쌓여 있다. 일에만 시달리며 아들 하나 뒷바라지하느라 빡빡한 삶을 살다간 중년 부부의 고된 인생이 고스란히 남아 있다. 틈틈이 청소하고 장판을 새로 까는 데 꼬박 7일이 걸렸다.

여행 준비할 겨를도 없이 그렇게 한 달의 막바지로 흘러가고 있었다. 짐도 챙겨야 하는데 영 시간이 나지 않는다. 미지의 세계에 대한 설렘보다는 이 모든 환경에서 도망가고픈 심정이다. 저항자들의 발자취를 밟아 본다는 기대는 실종된 지 오래다. 그냥, 모든 신경을 꺼버릴 수 있는 낯선 곳에 피신하여 숨고 싶을 뿐이다.

독신 여목사가 개척을 하고 목회를 한다는 것은 우리 문화에서는 미처 생각지 못한 장애가 발생할 때가 많다. 2003년 교회를 개척하고 설립예배를 드리고 나자 한 명 한 명 성도들이 모이기 시작했다. 젊은 중년 여성들이 모여 주님께로 마음이 모아지나 싶더니, 목사가 누구를 더 사랑하느냐로 서로 시기하고 질투하고 비교하면서 마음이 나누어지는 모습을 지켜보아야 했다. 이단에 속한 자들이 교우들의 마음속에 살며시 스며들어 이간질을 하며 마음을 어지럽히는 일이 지속적으로 있던 세월들, 이단이라는 의심조차도 안 하며 교묘한 속임수에 그냥 흔들리고 넘어가는 교우들의 모습들, 그 속에서 긴장하며 그 바람을 온몸과 영혼으로 혼자 맞으며 감당해야 했던 날들….

 속사정을 모르는 이들은 '배부른 투정'이라 하겠지만 건물을 관리하고 임대하며 사람들을 상대하는 일이 내겐 너무 벅차고 힘들다. 그래도 하나님이 임대료를 받아 교회를 유지할 수 있는 길을 열어주시고 함께하신 동행의 발자취들이 나의 마음을 포근케 한다. 하나님이 동행하셨어도 난 여전히 힘든 과정 중에 있다. 물론 하나님께 감사하는 마음이지만 말이다.
 5월 마지막 주일 예배를 드리며 눈물이 하염없이 쏟아졌다. 왜 그렇게 주체할 수 없이 눈물이 났던 것인지….

 날씨가 원만하지 않아 기체가 흔들린다는 안내방송이 들려온다. 비행 다섯 시간쯤 지나자 다리에 우둘투둘 발진이 시작된다. 이리저리 뒤척이며 지루하고 공허한 시간이 흐르고 있다. 얼마나 지났을까? 발도 시리고 몸도 추워 담요 두 개로 몸을 감싼다. 한국시간이면 어두운 밤일 텐데, 블라인드를 살짝 올리니 밝은 빛이 틈새를 비집고 두 눈 가득히 쏟아져 들어온다. 하얀 날개 그 끝에 눈부시게 아롱진 빛들이 눈길을 사로잡는다. 무지개다.
 사람 지으신 것을 후회하신 진노의 홍수 속에서도 인류를 향한 구원의 끈을 이어가시는 하나님의 마음을 묶어 둔 무지개, 노아에게 처음으로 보여주신 언약의 무지개, 블라인드를 내렸다가는 다시 살짝 올려본다. "어~엇!" 탄성이 나온다. 눈부신 하얀 날개가 시작되는 곳에 더 넓게 퍼져 있는 빛의 향연들, 쌍무지개다.
 '아~, 이 여행 속에 하나님께서 내게 뭔가를 약속하고 계시는 것일까? 뭔가 희망을 잡으려고 지푸라기라도 잡는 심정으로 자연적인

단순한 현상에 너무 집착하며 의미를 부여하는 것일까?'

"하나님, 이것이 하나님이 제게 주시는 약속의 상징이라면 다시 쌍무지개를 보여주세요"라고 마음을 모아 하나님께 작은 소원을 올려드린다. 블라인드를 내리고 눈을 감는다. 억지로라도 자고 싶다. 몸은 뒤틀리고 다리와 발이 점점 더 시려온다. 무릎 위 가려움증도 더 기승을 부린다.

잠은 좀처럼 오지 않는다. 기체가 흔들린다. 폭우가 쏟아지는 것일까? 착륙시간이 한참 지났으나 우린 여전히 프랑크푸르트 상공에 있다. 한 시간 이상을 더 머물다가 드디어 착륙을 했다. 일어나서 밖의 공기를 접할 수 있다는 것만으로도 위로가 된다.

To. 독일, 낯선 이들과 한 집에서

3. 독일, 낯선 이들과 한 집에서

프랑크푸르트에서 만하임으로

입국 수속 검색대 앞에서 백인들은 휘리릭 슥슥 잘도 통과한다. 검색원들은 아시아계 사람들에 대해서는 표정도 어두워지고, 질문도 많아지고, 시간도 길어진다. 차별받는다는 생각에 스멀스멀 속상한 마음이 목구멍까지 기어 올라온다.

검색대 앞에 선 여행객들의 당황한 표정, 어정쩡한 모습, 어두운 얼굴로 불평이 가득한 마음을 내비치며 길게 늘어선 줄에 나도 서 있다. 마음이 착잡하다. 검색대에 앉아 있는 사람들을 웃으며 밝은 표정으로 대할 수는 없을까? 내 차례가 왔다. 나는 웃으며 먼저 인사말을 건넸다. 어떤 목적으로 왔는지, 지인 방문인지 여행인지 묻는다. 여행이라 하니, 며칠간 머무를지 묻는다. 20일

정도 머무를 것이라 하니 비행기 티켓을 확인하고 통과케 한다. 고맙다는 인사를 하고 검색대를 통과하여 수화물이 나오는 곳을 찾으며 마중 나온 선교사님의 연락 여부를 확인한다.

아침에 집을 나와 거의 20시간 만에 프랑크푸르트 땅을 밟았다. 시차적응 문제 없이 밤에 깊은 수면에 빠질 거라는 기대를 하니 피곤함도 별문제가 되지 않는다. 누군가를 찾는 낯선 아시아 여인이 눈에 들어온다. 만하임에서 기차를 타고 마중 나온 선교사님들이다. 낯선 인사를 나누고 기차 탑승시간이 넉넉하여 커피숍에 앉았다.

바람이 세차게 불고 폭우가 무섭게 쏟아붓듯 내렸다고 한다. 지금 하늘은 높고 공기는 맑다. 한 시간 정도 찻집에 앉아 어설픈 얘기를 나누고 있다. 강남터미널 근처 커피숍에 앉아 있는 기분이다. 프랑크푸르트는 서울처럼 복잡한 도시다. 처음에 통화할 때는 차를 가지고 나오신다고 했는데 기차를 타고 나오셨다. 미안하고 고맙고, 몸은 피곤하다.

우리는 역으로 갔다. 세계 최초로 자전거를 발명한 도시 만하임으로 가는 기차를 기다리고 있다. 자전거를 배운 지 얼마 안 되는 나이기에 자전거를 발명한 도시를 간다는 것이 반갑다. 많은 승객들이 즐비하게 서서 기차를 기다린다. 알아들을 수 없는 안내방송이 나온다. 조금 연착이 되는 모양이다.

만하임은 바덴뷔르템베르크 주에서 두 번째로 큰 도시다. 인구는 32만 명 정도다. 1900년 이래로 중요한 산업과 상업, 교통 중심지이며 만하임 역과 유럽의 중요한 연결 항구가 있는 도시다. 내가 사는 원주와 비슷한 인구를 가진 곳이다.

기차가 연착되면서 탑승구가 바뀌었다. 방향을 바꾸어 기차에 탑승했다. 승객들이 객실에 빼곡하다. 빈자리에 잠깐 몸을 기대고 앉았다. 선교사님은 서 있다. 처음 타보는 고속기차지만 속도감은 별로 느껴지지 않았다.

만하임에서 내려 부지런히 움직이는 선교사님을 따라 걷고 건너고 하며 트램을 탔다. 여기는 마트가 빨리 문을 닫는 모양이다. 쇼핑 시간 때문에 트램에서 내려 또 부지런히 뛰다시피 걸어 간단히 장을 보았다. 도시는 벌써 한가하다. 독일 사람들은 저녁 8시까지는 귀가하고 주말에는 가족과 함께 보낸다고 한다.

독일에 도착한 후 2시간 만에 머무를 선교사님 집에 도착했다. 주로 외국인들이 거주하는 아파트다. 베란다를 나가 보니 라인 강이 보인다. 맞은편에는 항구도 있다.

짐을 풀어 몇 가지 밑반찬과 반찬거리, 라면, 스낵과자를 꺼내 건넸다. 짱구와 라면을 강렬하게 반기신다. 커다란 짱구 한 봉지가 순식간에 사라지고, 보글보글 라면이 냄비에서 익어간다. 향수병이 낫는 것 같다고 하며 후루룩 꿀꺽 해치운다. 룸메이트 대학생도 같이 먹으면 좋겠는데, 권하지 않고 우리끼리 먹고 있다. 같은 공간에 있으면서 음식을 나누지 않는 것이 내겐 너무 낯선 장면이다.

대충 짐을 풀고 선교사님 침대 옆에 매트를 깔았다. 몸이 안 좋다는 선교사님에게 손을 얹고 잠깐이나마 기도하며 얘기를 나누었다. 창으로 들어오는 바람이 시원하니 좋다.

 낯선 도시, 낯선 사람들

시차적응이 생각보다 어렵다. 마냥 여유 부리며 늘어져 있고 싶은 마음으로 하루 이틀을 보낸다. 라인 강변도 산책하고, 마을의 교회도 들어가 보고, 한인교회 성도들의 성경공부 모임도 참관하고 있다. 한국의 청년들과는 달리 이곳에서 만난 청년들의 마음은, 하나님을 향한 갈망과 하나님을 멀리했던 삶에서 돌이켜 하나님을 만난 기쁨들이 아롱아롱 피어오르고 있다. 참 예쁘다.

하나님이 한국의 청년들을 이렇게 세계 각국에서 만나 주시고, 어루만지시고, 다루고 계실 것이라는 기대에 참으로 감사하고 유쾌한 마음이다. 하나님의 인간을 향한 열심은 '어제도 오늘도 식지 않고 여전하시다' 생각하니, 역시 '멋진 분, 참 좋은 분이 나의 아버지 하나님이다' 싶은 마음에 더욱 감사하다.

한인교회의 대학생 몇 분과 선교사님과 함께 인쇄소도 가고 광장 테이블에 앉아 음료와 아이스크림도 먹으며 한가로운 시간을 보낸다. 마트에 들러 자잘한 선물도 챙기며 방전된 몸을 달랜다. 쇼핑을 좋아하는 성격은 아니지만 이국의 마트를 구경하는 기분이 괜찮다. 거리거리에 있는 음식점 앞에는 테이블들이 나와 있다. 낮 시간에도 음식점에 가득히 모여 식사와 차를 나누며 소통하며 어울리는 모습들이다. 사람다운 삶의 정취가 날이 갈수록 가슴속에 파고든다. 이들 문화의 코드가 '소통'이라면, 우리 문화의 코드는 '단절', '벽'으로 표현되는 것 같아 마음이 답답하다.

우리는 그동안 열심히 고단하게 자신을 채찍질하며 살아왔다. 더 열심히 해야 한다고 윽박지르고 성질내며, 소통하고 배려하기보다는 압력을 행하고, 압력은 단절을 생산하고 있다. 틈을 낼 수 있으면 쌓아 둔 불안과 압박감을 발산하며, 무절제가 자유와 낭만, 여유로운 멋인 양 치부되는 모습이다. '빨리빨리'를 외치며 채근하다 몸과 마음, 영혼이 피차 피폐해지고 쉬는 시간도 쉴 줄 모르는 병에 걸린 우리가 아닌가? 쉬면 뭔가 잘못된 것 같고 게으른 것 같고 뒤처지는 것 같아 미묘한 죄책감에 빠져들기까지 한다.

이곳에서 느껴지는 여유는, 보이지 않는 곳에서 정직과 성실, 자유와 책임지는 삶에서 기인한 것이라 생각하니 한없이 부럽다. 한국의 사회, 경제, 교육구조는 정직과 성실, 자유와 책임보다는 과업성취를 위해 속력을 내면서 서로를 경쟁상대로 여기며 자신의 발판으로 삼고자 한다. 그러면서 자유를 갈망하고, 이 자유에의 갈망이 무책임한 방종과 폭력으로 나타나고 있는 듯하다.

눈에 보이는 성과가 눈에 보이지 않는 자세보다 언제나 우선시되는 우리의 삶의 자세가 자꾸 마음에 걸린다. '후손들에게는 다른 세상을 물려주어야 할 텐데…', '이번 정부가 한국의 많은 구조적인 폐단을 수리할 수 있기를 기대해도 될까?' '이번 정부가 과연 할 수 있는 일일까?'

거리를 다니다 보면, 왠지 모를 무거움과 두통이 느껴지는 순간들이 있다. 주로 아랍인들이 근처에 있을 때 나타나는 현상이다. 이방 땅에서 갖는 삶의 고단함과 압박감일지도 모른다는 생각이 든다. 그들의 어둠이 빛으로 밝아질 수 있기를 소망하며 기도한다. 하나님은 나에게 광야훈련 속에서 영적인 감각들을 알게 하시고 열어 주셨다. 그래서 지역과 사람을 만날 때, 하나님이 그 감각을 통해 그곳을 위해 중보하며 기도하도록 하신다. 독일에 와서도 하나님은 때로 영적인 감각을 통해 기도하게 하실 모양이다.

점점 이 도시에 익숙해지는 기분이다. 여기도 그냥 '사람 사는 곳이구나. 나도 그들 중의 일부구나'라는 생각이 든다. 이제 조금 적응이 된 걸까?

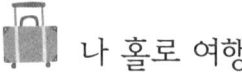 나 홀로 여행

바람이 창으로 시원하게 들어와 얼굴을 간지럽게 한다. 아침이다. 선교사님은 아직 쉬는 중이다. 살며시 움직이며 외출 준비를 한다. 과일과 우유를 꺼내서 조용조용 오물오물 씹어 삼킨다. 혼자서 트램을 타고 시티투어를 해볼 작정이다. 트램 티켓은 첫날 20장을 구입해 놓았다.

낯선 거리로 나선다. 쉬면서 몇 번 산책도 하고 탐색도 한 덕인지 생각보다 그리 낯설지 않다. 일단은 트램을 한 번 정도 갈아타는 노선을 시도해 보자. 트램이 들어오길 기다린다. 사람들이 내리고 올라타며 검표기에 티켓을 찍는다. 디디딕 소리가 난다. 승차한 대가를 치르고 있다. 몇 정거장을 지나니 만하임 대학이라는 안내 글이 나온다.

건물의 웅장함이 압도해 온다. 규모 역시 만하임의 상징일 만큼 대단하다. 하이델베르크 성이 반복해서 무너지자 만하임에 성을 지었다는 말이 있다. 성이 지금은 대학교가 되었다. 어떤 이는 독일의 하버드 대학이 만하임 대학이라 한다. 카를 필립(Karl Philip)이 1720년부터 40년이 걸려 완공한 건물이다. 당시 영주의 위세가 얼마나 대단했는지 짐작하기도 어렵다. 대표적인 바로크 양식의 고성인 이 건물은 2차 대전 중 건물 외벽만 남고 거의 무너진 것을 다시 건축했다고 한다.

건물 외부를 걸으며 둘러보다가 야외 천막 아래로 향했다. 벤치에서 도란도란 이야기를 나누기도 하고 토론도 하는 모습, 혼자 컴퓨터 작업을 하거나 또 간단히 식사를 하는 모습들이 보인다. 그들의 일원인 양 가방에서 준비한 먹을거리를 꺼내 요기를 하며 온몸으로 학교 분위기를 담아 본다. 교수님으로 보이는 분들이 지나가기도 하고 잠시 서서 이야기를 나누기도 한다. 사람들의 모습 속에서 느껴지는 것은, 각자의 역할에 충실한 모습 같기도 하고, 다른 이에 대해서 무심한 모습 같기도 하다.

건물의 웅장함과 조용함, 건물과 건물 사이의 널찍한 공간들의 여유로움이 공허하기도 하고 한적하기도 하며, 차갑고 으슥하면서도 차분하게 느껴진다. 학구적인 분위기 속의 개별적인 모습들이다. 이방인인 내가 느끼기에는 오픈되지 않은 공간들도 많은 듯하다. 두리번거리며 걸어도 보고 건물 안을 기웃거리기도 하고 학생을 따라 들어가 보기도 한다. 한국의 대학과는 뭔가 다른 조용함 속에서의 질서들이 낯설기도 하고 신기하기도 하다. 자전거라도 타고 둘러보아야 할 것 같은 넓은 공간을 차지하고 있는 이곳을 아쉽지만 다 둘러보지 못하고 걸음을 재촉하며 나오다가, 사진 한 컷을 정문에서 만난 학생에게 부탁했다.

대학에서 벗어나니 쫄깃한 긴장감이 사라진다. 이 지역에서는 대학 근처를 가면 머리가 지끈거리고 긴장감이 든다. 두뇌를 열심히 사용하며 논리와 이성으로 학문에 정진하는 이들의 피로감일까?

다시 트램을 타고 도시 구경을 한다. 어떤 곳이 내 마음을 붙들어 내리게 할지, 네카 강을 건너니 오늘도 어김없이 어두운 느낌이 든다. 중압감인지 답답함인지? 네카 강을 건너면 가난한 이주민들이 많이 산다고 한다. 그들의 삶의 고달픔이 전달되는 것일까? 일부러 몇 번을 내려서 강을 건너기를 반복해 본다. 역시 강을 건너면 뭔가 어둡고 무거운 느낌이다. 계속 트램을 타고 가다 보니 점점 외딴 시골이다. 왼편에는 내가 좋아하는 강물이 흐르고 있다. 시골로 들어갈수록 오는 적막감과 으슥함, 약간은 두려움을 갖고 기도하며 마을을 걸어본다. 정처 없이 걷다가 심심하면 들고 온 시리얼을 꺼내 먹으며 잠시 쉬기도 한다.

트램을 타고 이동하다가 내려서 광장에 있는 사람들의 모습을 구경하고 있다. 이렇게 짜이지 않은 시간을 갖는 것이 그냥 좋다.

저녁시간에 돌아와 숙소에서 밖을 내다보니 루트비히스하펜이 보인다. 만하임은 네카 강과 라인 강이 만나는 곳으로 아주 큰 내륙 항구가 있는 도시다. 1834년에 항만이 건설되었다고 한다. 1879년 카를 벤츠가 이 도시에서 자동차 엔진을 생산한다. 자전거와 자동차의 도시다. 그렇다고 별로 특별해 보이지 않는, 그냥 도시이다.

선교사님께 어느 정도 선교비로 사용하라고 기차표 값을 드리고 싶은데, 기차표 값이 얼마인지 여태 아무 대답이 없더니 60유로에서 약간 빠지는 비용을 말씀하신다. 억울한 여행자의 심정이 한쪽에서 불쑥 올라온다. '아니, 왜 두 분에서 마중을 나와서 두 분의 티켓 값을 내야 하지, 그냥 나 혼자 만하임까지 가도록 하시지' 이런 마음과 함께 말이다. 두 분 선교사님의 푯값도 포함된 것 같은 기분에 억울한 마음이 드는 거다. '사랑은 시간을 함께하는 것'이란 말을 하던 내가, 나에게 시간을 내주신 분들께 이런 마음이 드는 것은 가난한 여행자의 한순간의 한숨이다. 환전을 많이 하지 않은 탓에 선교비로 드릴 비용이 좀 줄었다. 아무튼 계산을 끝내니 마음은 편하다.

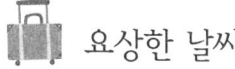 요상한 날씨

맑은 공기가 콧구멍으로 슬그머니 들어온다. 참 좋다. 한국에서는 창문을 열고 자면 반드시 코가 맹맹해지는데, 여기서는 다르다. 습도와 온도 차이일까? 창문을 열고 자면 바람이 꽤 들어오는데 그 바람이 싫지 않다. 맑은 공기와 바람을 만나러 가는 마음으로 라인 강변으로 산책을 나갔다. 시원하게 불어오는 바람이 한국의 산들바람과는 다른 느낌이다. 이 바람은 무슨 이름을 가졌을까? 푸른 나무와 밝은 빛살이 서로를 반겨 안는다. 한국의 들풀과 꽃들이라고 생각했던 식물들이, 강변 산책길에서 나를 반긴다. 참 신기하다. 원주천을 산책하며 느끼는 여유로움과는 다르지만, 낯설다는 느낌보다는 친근감이 생긴다.

독일에도 민들레가 많다는 것이 참 신기하게 느껴지게 했던 책, 청년 시절 읽었던 닥종이 작가 김영희의 《뮌헨의 노란 민들

 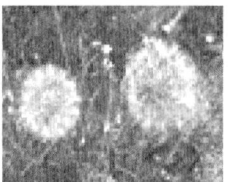 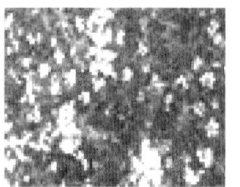 

레》가 생각난다. 토양의 차이일까? 이곳의 들풀과 꽃들은 키와 모양이 한국 것보다 많이 작다. 클로버 잎도 작고 꽃도 가냘픈 것이 불쌍할 정도로 부실하다.

나처럼 혼자 산책을 하거나 자전거를 타는 사람들이 오가고 있다. 홍보용 전단지를 나눠 주는 사람도 있다. 한국과 달리, 운동 삼아 부지런히 팔을 앞뒤로 흔들며 걷는 이들은 볼 수 없고, 휠체어를 타고 산책하는 이들이 종종 보인다. 강변을 따라 돌아오다가 주민들이 사는 마을길로 향했다. 조용한 거리이다. 주택들이 늘어서 있지만 한국처럼 베란다 창은 보이지 않는다. 머무는 집을 향해 방향을 놓치거나 길을 잘못 들어서지 않으려는 마음으로 조심스럽게 걷는다. 하늘은 높고 공기는 맑고 햇살은 눈부시다. 보도에 심어진 색다른 나무와 꽃들을 보는 즐거움도 좋다.

대형마트인 '라인갤러리'로 향한다. 패션시장은 이제 세계가 거의 동시에 같은 유행인가 싶다. 한국에서 볼 수 있는 것과 같은 스타일들도 많다. 이것저것 눈에 들어오는 것을 골라 입어보니, 보는 것과 너무 다르다. 신체구조가 달라서일까. 결국 아이쇼핑으로 끝내고 방향을 돌이킨다. 이곳이 안전하다고 느껴지기 때문인지, 나도 그곳에 사는 사람 중에 한 사람인 듯하다.

밖으로 나오니 파란색 아파트가 저만치에 보인다. 머무는 집이다. 높은 건물이라 멀리서도 방향 잡기가 편리하다. 건물 안까지 무사히 진입했다. 엘리베이터를 기다리는데 술 냄새를 풍기는 아랍계 남성

분이 와서 옆에 선다. 낮 시간에 술 냄새를 풍기는 이분의 인생의 무게감은 어떤 것일까. 둘이서만 타야 하는 것이 조금 불편한 마음이다. 그렇다고 의도적으로 피하는 것도 내키지 않아 불안한 마음으로 탑승한다. 짧은 순간이지만 낯선 땅에서 술 취한 낯선 남자와 좁은 공간에 있으며 호흡하는 것이 영 불안하다. 엘리베이터에서 내리니 드디어 안심이다. 무사히 도착하게 하신 주님께 감사를 드리며 집안으로 들어간다.

갑자기 세찬 바람과 함께 비가 쏟아진다. 빗줄기가 지붕을 내려치는 소리가 요란하다. 온통 밤처럼 어둡다. 덜커덩거리며 베란다의 물건이 넘어진다. 창으로 비바람이 몰려 들어온다. 전등도 꺼진다. 정전이다. 한국 같으면 한전에 전화하며 난리가 날 텐데 태연히 조용하게 기다리는 모습이다. 안내방송도 없다. 대단한 날씨구나 싶다. 하루에 4계절을 경험할 수 있다더니 이래서 나온 말인가 보다. 옷을 더 꺼내 걸치고 밖을 본다. 땅바닥과 건물에 떨어지는 빗줄기가 총알처럼 강력하다.

으스스한 분위기가 얼마나 지났을까. 캄캄한 어둠이 사라지고 환해졌다. 바람 소리도 조용해졌다. 칙칙하던 건물들이 밝고 맑다. 건너편 항구에 정박한 100미터가 넘어 보이는 배도 더 하얗다. 세찬 빗줄기에 쌓인 먼지들이 깨끗이 씻겼다. 언제 하늘이 어두워지고 비가 왔나 싶게 맑은 공기와 밝은 빛이 시치미를 떼며 피부로, 눈으로 향기롭게 다가온다.

3. 독일, 낯선 이들과 한 집에서

To. 독일, 6월 4일, 5일   Travel

4. 독일, 6월 4일, 5일

 성령강림주일

독일에서 맞이하는 첫 번째 주일이다. 이곳 예배는 어떨까? 일찍이 나와서 주변의 성당에 들어가니 예배 준비를 하는 검은 옷을 입은 사제들과 수녀들이 조용히 오가고 있다. 엄숙하고 차갑다. 문을 나와 개신교 교회를 찾아 트램을 타고 움직인다. 한 번 갈아타야 한다. 선교사님이 알려 준 대로 트램을 갈아타고 골목길을 찾아 교회 근처까지 갔다.

파이프오르간 소리와 함께 성령님의 임재가 느껴진다. '엇! 이게 뭐지?' 유럽의 교회가 다 죽었다고 하는데, 한국교회 근처에서는 느껴 보지 못한 성령님의 임재하심이 온몸으로 다가온다. 예배실도 아닌 주변에서 이런 느낌이 들다니 놀랍다. 예배실로 들어서니 성령강림주일을 상징하는 빨간 천을 길게 걸어놓았다. 목회자도 나처럼 여성이다. 많은 인원은 아니지만 그냥 요란하고 때로는 급박하게 느껴지는 프로그램이나 사람 중심의 예배와는 다르다.

예배 후 남아서 도란도란 자연스럽게 교제하는 모습도 정감 있다. 어린 영아를 안고 있는 이를 중심으로 둘러서서 얘기를 나누는 모습도 사랑스럽다. 우리는 모여서 얘기하는 것이 시끌시끌할 때가 많은데, 여긴 조용조용하면서도 소통하며 공감하는 분위기다. 부드러운 성령님과 함께하는 교제가 이런 분위기일까?

예배가 끝나고 한 시간쯤 지났을까. 한국 사람들이 들어오고 있다. 분위기가 어수선해진다. 한국교회와 마찬가지로 찬양인도자가 앞에 서서 찬양을 인도한다. 그런데 뭔가 복잡하다. 예배 전 부엌에서 음식준비를 하던 집사님을 만났을 때는 차분하고 따뜻한 교감 있는 분위기였는데, 자리에 있는 사람들의 마음이 아직 복잡한 심경이어서인지 예배가 진행되고 있으나 어수선하고 어지럽다.

나는 주님께 집중하려 애쓰며 성령님의 임재를 구했다. 찬양대가 일어서서 찬양을 한다. 성령님의 임재하심이 내 육체를 파고들어 영혼 깊이 임하는 것 같다. 예배 후반부에 찬양대가 다시 찬양을 할 때도 성령님의 포근한 임재하심이 있다. 찬양대가 찬양을 할 때마다 느껴지는 성령님의 임재하심, 생명수이신 성령님을 갈망하고 사랑하며 노래하는 찬양대의 마음을 하나님이 기뻐 받으시며 임재하시는 것 같다.

내가 목회하는 교회에서 내 평생의 목회기간에 나는 표면적으로는 지도자로 보이나, 내면적으로는 더 깊이 하나님을 갈망하는 어떤 이가 생명수이신 성령님을 임하게 하는 역할을 할 수도 있겠다는 생각이 든다. 나는 어떤 상황이든지 생명수이신 예수님께 깊이 뿌리를 둔 삶을 더 지향하며, 하나님과 친밀한 관계를 추구하는 마음을 잃지 말아야겠다고 다짐한다. 나를 부인하며 하나님만을 의지하는 삶, 성령님으로 인해 살아내는 인생이 되어야겠다고 마음을 다잡아 본다.

　예배가 끝나고 비빔밥을 함께 나눈다. 성도들의 대다수는 학생들인데도, 조를 짜서 식사봉사를 한다. 다들 열심히 마음을 다해 매주 기쁨으로 준비하는 분위기다. 독일교회 성도 분들도 몇 분 남아서 함께 예배하고 식사 나눔에 참여하고 있다. 고추장에 비벼먹는 그들의 모습이 신기하고 좋다. 교회 외관과 정원이 찬연한 햇살을 받으며 빛난다. 싱그러운 모습이다.

　모든 교회의 일정이 끝나고 집사님 내외가 집까지 데려다 주셨다. 대화가 하나님의 마음과 손길에 대한 간증이다.

　하수구가 막히고 전기고지서가 잘못 날아와 전기요금 폭탄을 맞을 위기를 만났다는 얘기, 하나님께 묻고 기도하는 중에 전기요금 폭탄에서 벗어날 수 있는 근거가 나온 얘기, 사소한 일상에서 주님께 기도하며 주님을 의지하는 모습, 그리고 생각지도 못한 방법으로 문제가 해결되는 기쁨들, 임마누엘의 하나님에 대한 증거들이다.

매 순간 그냥 하나님과 상관없는 자신의 일상이란 생각보다, 기도하며 하나님의 마음을 알려고 하고 하나님을 의지하며 소통하며 살아가는 삶, 이런 삶이 생활 속 예배자의 삶이다. 우리 교회 성도들의 삶과 모습도 매 순간 예배자의 모습을 가진 날이길 기도한다.

우리 한국교회 안에는 일상생활 속에서 하나님을 잊은 이들이 너무 많다. 교회생활과 사회생활이 전혀 다른 이중적인 모습이다. 두 가지의 가치관을 갖고 교회와 사회에서 전혀 다르게 반응하는 이중생활을 하면서도 문제의식이 없다. 이에 질린 우리 자녀들은 하나님으로부터 멀리 도망쳐 버렸다.

지성을 갖춘 한 청년은 대형교회 목회자들을 접하면서 그들은 무신론자라고 결론을 내렸다고 한다. 목회자나 교우들이나 우리는 생활 속에서 주인 되신 주님의 마음은 제쳐 놓고, 그래서 서로를 배려하고 서로의 입장에서 생각하고 말하기를 잊고, 자기중심적 삶 속에서 서로를 탓하며 사는 것은 아닐까? 우리는 모이면, 하나님 말씀으로 자기를 돌아본 얘기보다는 남들 얘기를 한다. 좀 식자인 척하는 자들은 정치, 경제, 문화, 시사적인 쟁점들을 얘기하느라 바쁘다. 자기 삶에 대한 것, 내면에 대한 것들은 직면을 회피하며 덮어 두고 애써 외면하고 있다.

성령강림절 공휴일

마지막으로 혼자 길을 나서 본다. 하늘이 하얗다. 저녁에는 종교개혁 500주년 순례를 함께할 노회원들을 만나는 날이다.

오늘은 성령강림절 휴일이다. 그래서인지 도로가 조용하고 한산하다. 베를린 광장(Berliner Platz) 역이다. 트램을 타려고 서 있는 사람도 보이지 않는다. 주황색 옷을 입고 청소하는 분들이 보일 뿐이다. 휴일이어서인지 배차 간격이 길다. 한참을 기다려 트램을 탔다. 조용한 도심의 모습들이 차창 밖으로 지나간다. 자주 갔던 광장에서 내렸다.

전에 법원으로 사용된 건물에 '정의와 평화'라는 금색 글씨가 선명하게 눈에 들어온다. 늘 북적대던 곳인데 역시 한산하다. 몇몇 사람만 보일 뿐이다. 10대 후반인지 20대인지 가늠할 수 없는 두 명의 청년이 햄버거와 음료를 먹고 있다. 아침부터 버거를 먹는 모습이 동양인인 내게는 낯설다. 그들이 사진을 찍어 준다고 나서서 나도 사진을 찍어 주었다. 윙크를 하며 손가락으로 V를 한다. 이방인인 나에게 포즈를 취하며 웃는 모습 속에 인간미가 느껴진다.

다시 트램을 탔다. 승객들이 조금 늘어났다. 그래도 트램 안은 한가롭다. 아직은 도시도 조용하다. 네카 강을 또 건너고 있다. 며칠

4. 독일, 6월 4일, 5일

전에 네카 강을 따라 이어진 길로 트램을 타고 끝까지 갔을 때 느꼈던 으슥하니 약간의 공포스러웠던 분위기가 떠오른다.

강을 건널 때마다 느껴지는 묘한 중압감, 어두운 느낌들의 정체는 무엇일까? 유럽으로 올 때, 하나님께서 내가 밟는 곳마다 함께하신다고 하신 말씀이 더 떠오르게 한 곳이다. 그래서 일부러 몇 번이나 기도하며 '건너갔다 왔다'를 반복했던 곳이다. 강을 건너자 교회가 보인다. 다른 날에는 못 본 교회가 오늘은 보이다니, 눈이 있어도 못 보고 지나치는 것이 더 많다는 생각을 하며 급히 내린다.

"Herze soll sich fort und fort an diesem an allem Ort zu Deinem lobe neigen"

"마음은 굽혀져야 한다. 이곳과 모든 곳에서 지속적으로 주님을 찬양하도록."

도로에 접한 교회 외벽에 기록되어 있는 글이다. 존재하는 모든 순간, 모든 장소에서 가장 낮은 마음으로 찬양받기 합당하신 주님

을 높이는 고백이다. 찬송작가 게르하르트가 1656년에 작시한 것인 듯 벽면에 '1656'이라고 기록되어 있다.

게르하르트는 고통스런 30년 전쟁(1618-1648)을 겪으면서도 믿음의 확신 가운데 고통에 저항하며 기쁨을 노래한 신앙의 선배다. 30년 전쟁은 로마 가톨릭의 종교적인 강요에 반발한 개신교도들과 벌어진 잔혹한 종교전쟁이다. 기득권을 잃지 않으려 무력을 행사하는 로마 가톨릭 앞에 개신교도들은 죽음으로 맞서며 오랜 전통과 부당한 권위로부터 자유를 찾으려 했다. 이 전쟁의 시작은 종교적인 이유였지만, 정치적 야심이 섞여서 결국 영토전쟁이 되었다. 그 결과 가톨릭 종주국인 신성로마제국은 붕괴를 맞게 되고, 근대 유럽의 주권국가 구조가 확립된다.

게르하르트는 40대 중반에 결혼하면서 지속적으로 찬송시를 쓰기 시작하여 120여 편의 찬송시들을 쓰고 번역도 하였다고 한다. 그는 기근, 학살, 폭력으로 얼룩진 시대를 살면서 주님의 깊은 마음을 알아갔다. 그리고 환경을 초월한 주님의 위로를 경험하며, 모든 슬픔을 주님께 맡길 것을 권하는 다음과 같은 아름다운 찬송을 부른다.

> 당신의 모든 슬픔을 그분께 맡기시오
> 그분의 손에 이끌리면
> 위안의 길을 발견할 것이오
> 그분의 진리와 부드러운 손길 속에
> 믿음을 찾을 것이오
> 그분은 하늘과 땅을 지으시고
> 명하시는 분이오.

4. 독일, 6월 4일, 5일

1664년, 독일의 선제후 프레드릭 빌헬름 1세는 루터파와 개혁교회의 차이에 대한 자유토론을 금지하였다. 게르하르트는 하나님은 '사랑의 하나님'으로 다른 견해를 가진 자들과 논의를 통해 서로를 이해할 수 있다며 반기를 들었다. 그 결과 정권으로부터 압력을 받아 설교자로서 명성을 얻었던 베를린의 교회를 떠나야 했고, 작은 교회에서 목회를 하게 된다.

소통은 유기적 공동체로 생명을 재생산하는 숨결이나, 단절은 통념이라는 시대의 벽에 막혀 생명력을 잃은 조직체로 메말라가게 한다. 당시 가톨릭은 전통과 권위가 주인이 되어 예수 그리스도의 소통과 나눔을 잃어버리고, 위력을 행사하는 지배자였다. 그들은 권력으로 조종하며 부패의 나락 속으로 빠져들었다.

오 거룩한 주님 그 상하신 머리
조롱과 욕에 싸여 가시관 쓰셨네
아침 해처럼 밝던 주님의 얼굴이
고통과 치욕으로 창백해지셨네

주 당하신 그 고난 죄인 위함이라
내 지은 죄로 인해 주 형벌 받았네
내 주여 비옵나니 이 악한 죄인을
은혜와 사랑으로 늘 지켜 주소서

나 무슨 말로 주께 다 감사드리랴
끝없는 주의 사랑 한없이 고마워

보잘것없는 나를 주의 것 삼으사
주님만 사랑하며 나 살게 하소서

    게르하르트가 번역한 클레르보의 베르나르의 "오 거룩한 주님, 상하신 머리"(O Sacred Head, Now Wounded)라는 찬송시가 로마 가톨릭의 교권주의 속에는 자리 잡을 수 없었다. 인자는 머리 둘 곳이 없다는 말씀이 떠오른다.

    교회 정문을 찾아 들어서니 정원 초입에 커다란 세례반과 십자가를 위한 철탑이 보인다. 이 교회는 정원에서 세례식을 하는 모양이다.

    예배실에 들어가니 성령강림절 예배가 한참 진행 중이다. 성령강림절 휴일인 월요일에 예배가 있다는 정보를 갖지 못한 것이 아쉽다. 알았다면 예배시간에 늦지 않게 교회를 탐색하여 참여할 수 있었는데….

    독일교회는 예배 시간이 저마다 다른가 보다. 커다란 예배실에 사람들이 띄엄띄엄 앉아 예배를 드린다. 키 큰 남성 목회자가 예배 인도를 한다. 예배 분위기는 조용하면서 차분하고 평화롭다. 예배가 끝나자 오르간 연주 소리가 마음을 울린다. 유럽 교회의 오르간 연주 소리는 한국에서 듣는 연주 소리와 사뭇 다르다. 깊고 그윽하고 평온하다. 영혼 깊이 안정감을 준다. 어제 한인들이 예배드릴 때 연주는 왠지 거칠고 복잡하게 느껴졌었다.

4. 독일, 6월 4일, 5일

예배를 마친 일부는 교회를 빠져나가고, 일부는 정원에서 삼삼오오 모여 이야기를 나눈다. 목사님은 어느 순간 나를 발견하고는 일본 사람이냐고 물었다. 한국 사람이라 했는데, 통역할 사람을 찾느라 바쁘게 움직이셨다. 짧은 독일어 실력으로 그분과 의사소통이 될 것 같지도 않고, 나는 그곳에 머무를 사람도 아니라 괘념치 않고 예배실 안을 천천히 둘러보다가 정원으로 나왔다. 다른 예배자들과 인사를 나누고 정원을 둘러보고 사람들의 모습도 보면서 다시 트램을 타기 위해 이동했다.

목사님은 사무실로 뛰어 들어가셨다가 다시 밖으로 급히 나오셨다. 그리곤 트램을 타는 곳까지 성도들과 걸어 나오고 있었다. 나는 트램을 탔다. 나를 아쉬운 표정으로 바라보았다. 창밖으로 연세가 지긋하신 목사님이 낯선 이방인과 편하게 소통을 도울 사람을 찾느라 동분서주하다가 포기하면서 미련을 남기는 모습, 순전하게 보이는 그 모습이 내 마음에 긴 여운을 남긴다. '어쩌면 이 교회가 게르하르트가 목회한 작은 교회, 바로 그곳일까?' 이런 생각을 혼자 해본다.

이곳에서의 목회자 모습은 밝고, 조금 지나치게 표현하면 경쾌하다. 한국의 목회자들에게 느껴지는 어두운 무게감이 없다. 나는 목회자임에도 무거운 느낌의 목회자를 보면 멀리하고 싶은 마음이다. 성취 중심의 목회를 하는 한국의 많은 목회자들, 이에 교우들은

눈에 보이는 성취가 없으면 목회자의 무능을 탓하며, 그들의 기준에 능력 있는 새 목회자를 갈망하고 소원한다. 스스로 중압감에 빠져 지쳐 있는 모습들, 길 잃은 양처럼 무겁고 굳은 표정이 되어 버린 우리의 슬픈 자화상이 떠오른다. 어느 날 문득 거울을 보는데 낯선 얼굴이 있었다. 내가 그토록 피하고 싶어 하던 얼굴, 깜짝 놀란 나는 왜 내 얼굴이 저렇게 변했지 반문하며 화들짝 놀랐었다.

하이델베르크의 아름다운 전경이 눈에 들어온다. 네카 강이 이어 흐르며 펼쳐지던 드넓은 평원은 자취를 감추고, 성 양쪽에는 삼백고지 정도의 산이 줄지어 있다. 저 멀리 꼭대기에 고성으로 보이는 건물이 산에 둘러 보호받듯이 자리하고 있다. 멀리 보이는 붉은 고성은 신비감을 더한다. 순간 와이파이도 들어온다. 트램은 계속 어딘지 모를 곳으로 움직인다. 낮은 산들과 숲들, 강들도 보이고, 단아해 보이는 동네들도 지나간다. 트램이 닿는 곳마다 승객들이 내리고 타고를 반복한다.

휴일이어서일까? 다양한 연령층의 승객들을 만날 수 있다. 어떤 중년 여성분은 작은 나귀만 한 두 마리의 개와 함께 승차한다. 낯선 이 분위기가 불편하다. 나는 반려견이란 말을 싫어한다. 사람의 반려자는 사람으로 하나님이 지으셨는데, 동물이 반려자 자리에 있는 것은 성경에 비추어 보면 아니란 생각에서다.

우리 집은 내가 어린 시절 진돗개 '마루'를 키웠다. 마루는 마지막 후손을 낳고는 어느 날 문득 생을 마감하고 우리 곁을 떠났다. 지금까지 나는 마루와 닮은 개를 볼 때마다 꼬리를 치며 다가오는 정겨운 마루가 생각나고 마음이 따뜻해지지만, 사람이 아닌 동물을 반

4. 독일, 6월 4일, 5일

하이델베르크를 흐르는 네카 강

려자처럼 대우하고 싶지는 않다. 반려동물에 집착하는 것은 인간 소외가 일반화된 우리 사회의 상처 난 모습의 한 부분이 아닐까? 트램의 한 공간을 차지한 그들은 비교적 주인의 말을 잘 듣고 앉아 있었지만, 불편한 반응을 보이는 사람도 더러 보인다. 입을 크게 벌리는 모습이 위협적이다.

만하임에서 기차를 타야 하는 시간을 생각하며 시계를 보니 약간의 여유가 있다. 그런데 아, 마지막에 환승을 하다가 그만 방향을 잃고 말았다. 헤매고 헤매며 시계를 보았다. 촉박하다. 선교사님께 걱정하지 말라는 메시지를 보내고 급한 마음으로 방향을 바로잡아 늦지 않으려 애를 쓴다. 숙소에 도착하니 선교사님은 기차역까지 동행하려고 준비를 마친 상태다. 나는 짐을 마구 쑤셔 넣듯이 싸서 급히 뛰어나와 큰 가방을 질질 끌며 종종거리며 걸어 트램에 올랐다. 그렇게까지 안 해도 될 듯했지만 선교사님이 서두르니 어쩔 수 없다. 상대의 속이 터지지 않도록 내가 서두를 수밖에, 선교사님 기준으로는 내가 숙소에 너무 늦게 들어온 듯하다. 선교사님께 고맙다는 인사도 제대로 하지 못하고 남은 트램 티켓을 건넸다.

기차역에 와서 좋아하지도 않는 빵을 하나 샀다. 너무나 큰 빵, 사고 싶지 않은 빵이었으나 안 사면 선교사님이 불편해할 것 같은 분위기다.

한참을 기다리니 기차가 들어왔다. 작별 인사를 하고 이곳도 이제 안녕이구나 싶은 마음으로 기차에 올랐다. 밖을 향해 손을 흔들며 마지막 아쉬운 인사를 하고 30분간 머물 공간을 확보하려 주변을 둘러보았다. 승객들이 어찌 이렇게 많은지, 객실 칸이 이어지는 곳에 짐 가방을 놓고는 앉다시피 기대어 섰다. 복도 중간에 서 있는 것보다 훨씬 낫다.

승객들은 다들 큰 가방을 가지고 있다. 여행객들로 만원이다. 손에 든 빵을 뜯어먹으며 밖을 바라본다. 지나가는 낯선 풍경들을 보노라니 금세 프랑크푸르트다. 남은 시간을 벤치에 앉아 오가는 여행객들, 행인들의 모습을 구경하고 있다. 한국 사람도 종종 보인다. 슬슬 배가 고파 와서 가방에 있던 빵을 꺼내 뜯는다. 딱딱하면서도 고소한 빵, 옆 의자에 앉아 있는 30대 정도로 보이는 이도 나처럼 요기를 하고 있다.

일행을 만나 전세 버스로 큰 가방을 밀며 이동한다. 미리 산 선물과 선교사님께 받은 책도 있어 무겁다. 짐을 줄이려고 한 번 입고 버릴 옷들을 챙겼건만 허사다. 일행 중 한 분이 거들어 주어 도로 턱을 넘어 탑승한다. 이를 본 어떤 이는 둘이 친한지, 잘 아는 사이인지 질문공세다. 단절된 우리네 삶의 한 조각 파편을 접하는 기분이다. 이런 질문을 하는 사고와 내면의 움직임들이 답답하고 슬프다.

4. 독일, 6월 4일, 5일

To. 독일, 일행과 함께

Travel

5.
독일, 일행과 함께

 프랑크푸르트에서 하이델베르크로

프랑크푸르트 암 마인에서 만나는 첫 아침이다. 마인 강 위의 프랑크푸르트란 뜻의 '프랑크푸르트 암 마인'이 공식 명칭이다. 마인 강은 복잡한 프랑크푸르트의 휴식처다. 프랑크푸르트는 독일의 다른 도시와 달리 높다란 빌딩숲이 허락된 도시다. 다른 도시는 교회보다 높은 건물을 건축할 수 없으나 이곳은 예외다.

강변에서 맘껏 뛰놀며 모래놀이를 즐기는 아이들과 하루를 마치고 휴식을 취하던 어제 저녁에 보았던 시민들의 모습이 떠오른다. 길가에 플라타너스의 색다른 모습도 눈에 선하다. 꽃가루가 날리지 않도록 2년생 가지를 잘라 준다는 얘기를 들으며, '우리나라는 2년생 가지치기를 통해 꽃가루 방지하는 지혜가 없는 것일까' 생각하며, 봄만 되면 꽃가루 알러지로 고통당하고 있는 지인들의 얼굴이 떠오른다.

혼자 여행하는 여유로움에서 벗어나 본격적인 종교개혁 500주년 기념 순례여정이 시작되는 날이다.

오직 하나님의 영광을 위하여, '오직 성경, 오직 믿음, 오직 은혜'

라는 슬로건은 개신교회의 상징이다. 개신교를 뜻하는 프로테스탄트는 저항한다는 뜻을 가진 말이다. 저항정신, 안주하지 않는 정신은 부패를 막고 생명이 자라도록 묵은 땅을 일구는 트랙터와 같은 힘을 가지고 있다. 묵은 땅을 갈아엎어 부드러운 땅이 되게 하는 역할은 하나님과의 소통에서 시작된 것이다. 저항정신은 하나님의 심장을 만남으로 싹트게 된다. 저항과 순종은 참 생명을 향한 두 날개이다. 나에게도 땅을 일구는 저항정신, 생명이 자라도록 씨를 뿌리는 순종의 삶이라는 두 날개가 균형을 이룰 수 있기를 기도한다.

어제 무리를 한 탓인지 몸이 무겁다. 룸메이트는 일찍이 주변 산책을 나갔지만 난 아직도 침대 위에 있다. 몸을 비틀기 힘들 정도로 다양한 인종의 여행객이 가득했던 기차 안, 자기 공간을 확보하려고 짐으로 진을 치는 모습들, 어제 기차 안의 모습이 떠오른다. '여기도 똑같은 자기중심의 사람이 사는 곳'이란 생각이 들었었다.

객실 연결부 바닥에 앉아 있던 열 살쯤 되어 보이는 사내아이와 보호자인 중년 남성은 여러 날 여행 속에 있는 모습이었다. 우리 한국 아이들도 학원 뺑뺑이 돌기에서 벗어나, 1년에 한 번씩은 복잡한 기차 안에서 부모님 보호하에 쪽잠도 자고, 공원에 앉아 식사도 간이로 해보고, 넓은 자연과 사람 사는 다양한 모습들도 보는 시간을 갖는다면, 지금처럼 생각 없이 당장의 자기 필요에만 집착하는 데서 벗어나는 질이 다른 삶을 살 수 있지 않을까? 럭셔리한 여행은 아니지만 그 부자의 모습이 한없이 부러웠던 상념들이 나를 붙들고 있다.

아침을 먹고 어제 스쳐 지나온 바울 교회를 볼 수 있을 것이란 생각을 하며 다시 짐을 챙긴다.

바울 광장에 있는 장자크 바울 교회 앞이다. 1833년 완공된 신고전주의 건축물이다. 1786년 건축이 시작되었으나 나폴레옹 점령기에 중단된 역사를 가지고 있다. 1944년까지 루터 교회로 이용되다가 2차 대전 때 파괴된 후 재건되었다. 교회 한쪽 모퉁이에는 2차 대전 당시 아우슈비츠에서 학살당한 유대인을 기리는 석상이 있다. 독일인들의 정직한 역사적 반성을 볼 수 있는 석상이다.

독일은 전후 선조들이 범한 악행을 인정하고 전쟁 배상금과 총리의 공식사과들이 이어졌다. 과거를 묻고 감추기에 몰두하며 우경화를 꾀하는 우리 이웃의 가깝고도 먼 나라와는 너무 다른 독일, 역사 속 감추고 싶은 속살을 드러낼 수 있는 건강하고 성숙한 정신문화는 어디에서 온 것일까? 루터의 십자가 복음 앞에서 오직 믿음으로 나아가는 정직함이 그 기원일 것이라고 생각해 본다.

건물 외벽에는 필립 야곱 슈페너(Philipp Jakob Spener, 1635-1705)의 동판이 있다. 그는 프랑크푸르트 루터교 대표자다. 30년 전쟁 후 교회들이 생명력을 상실하고 있을 때, 기도와 성경공부, 그리스도인의 순결한 삶을 강조하며 영적 부흥을 일으킨 경건주의의 아버지이기도 하다. 오직 믿음으로 의롭게 된다는 교리에 붙들려 복음이 생명력을 잃고 있을 때, 슈페너는 세속화를 반대하고 믿음의 내면화와 영혼의 경건, 실천적인 신앙을 강조하였다. 경건주의 운동은 얼마나 신실하게 하나님 나라를 순전한 마음으로 확장하였는가에 관심을 두었다.

당시 독일교회는 종교개혁 정신이 쇠퇴하면서 부자들은 먹고 마시고 즐기며, 춤과 술에 빠져 쾌락과 방종을 일삼고, 논쟁과 주먹다툼으로 허비하는 삶을 살았다. 하나님은 바울을 통하여 술 취하지 말고 성령 충만을 받으라고 하며, 허비하는 인생이 아닌 깨어 있어 책임 있는 인생을 살 것을 촉구하고 있지만, 그들은 믿음의 삶을 잃어버렸다. 영적 고갈 상태에 이르면 누구든 예외 없이 허비하는 나락으로 떨어지게 된다. 슈페너는 경건에 대한 열망을 품고 한 손에는 복음을, 다른 손에는 사회개혁의 기치를 높이 들고 뜨거운 심장으로 복음의 본질에 입각한 하나님 나라를 실체화하는 운동을 실현해 나갔다. 그는 개인의 영적 각성과 더불어 라이프스타일의 변화와 사회개혁이 수반되는 선교와 문화변혁을 이끌어냈다. 하나님과 통하면 땅에서의 변혁이 수반되는 것이 자연스런 삶의 결실이다.

동판에 있는 슈페너의 왼쪽 볼은 눈물이 흘러내린 듯 얼룩져 있다. 경건한 소원을 잃어버린 현재의 비틀거리는 영혼과 사회에 대한 고통의 눈물일까? 경건주의는 독일교회를 이끄는 힘으로, 모라비안과 웨슬리, 휘트필드에게 영향을 준다.

장자크 바울 교회는 1848년 5월 18일 독일 최초의 자유선거에 의한 국회가 열린 곳이다. 이 국회에서 100년 후 독일 연방기본법의 근간이 되는 59개의 국민 권리가 채택된다. 독일 국기의 색깔도 당시 국회 결의를 통해 결정되었다. 독일 민주주의가 시작된 이곳은 자유, 평화, 민주주의의 상징이다. 그래서 평화 행사로 많은 외국 정상들이 다녀간 곳이다. 지금은 전시회와 경축행사, 각종 시상식 장소로 이용되고 있다.

  길 하나 사이에 뢰머 광장이 있다. 구시가지 중앙에 위치한 광장이다. 공식명칭은 뢰머베르크다. 뢰머는 로마인을 뜻한다. 로마인들이 이곳에서 정착생활을 하여 유래된 이름이다. 1405년 시의회가 귀족의 저택 세 채를 구입하여 시청사로 사용하였다. 이 건물에 게양된 세 개의 깃발은 유럽 연합, 독일, 프랑크푸르트가 속한 헤센 주를 상징하는 것들이다.

  지붕은 뾰족하니 급경사이다. 이곳이 눈비가 많은 지역이었을 것이라 추측해 본다. 계단식 모양의 꼭대기에는 종탑이 얹혀 있다. 중앙의 발코니에는 중앙 창문을 기준으로 좌우에 두 개씩 네 개의 황제 조각상이 있다. 조각상 위로는 벽시계를 사이에 두고 독수리가 새겨져 있다. 독수리는 신성로마제국의 상징이다. 고대인들은 새를 땅과 보이지 않는 저 세상을 연결하는 초능력을 가진 존재라고 믿었다. 신성로마제국은 고대 로마 전통에 의해 독수리를 심벌로 삼았다.

  독수리는 태양을 똑바로 보아도 눈이 멀지 않는다고 한다. 나는 독수리를 보면, 하나님의 아들 예수님의 영광이 계시된 요한복음이 생각난다. 언제나 하나님 아버지를 바라보며 아버지와 하나이셨던 예수님이 그려져 있는 요한복음은 대학 시절 내가 즐겨 묵상하던 말씀이다.

  시청사 발코니는 중요할 때만 개방된다. 동양인 최초로 차범근 선수가 프랑크푸르트 축구팀이 우승하였을 때 올라가 환영받은 곳이다. 차 선수의 가슴은 얼마나 벅찼을까. 이곳은 늘 관광객들로 붐빈다고 한다.

5. 독일, 일행과 함께

시청사 바로 옆에는 14세기까지 왕실 예배당이었던 성 니콜라이 교회가 있다. 뾰족한 녹색 첨탑이 인상적이다. 하루에 아침, 점심, 저녁 3회 40번의 종이 울린다. 한국교회는 종소리가 사라진 지 오래다. 가끔은 종소리를 듣고 싶다는 생각이 든다. 종소리는 잠자는 우리의 마음과 영혼을 깨우는 울림을 준다.

15세기 쾰른의 비단상인들의 숙소였던 반 목조건물들도 뾰족한 지붕으로 줄지어 있다. 오스트차일레이다. 독일의 전통 건축양식인 나무 골조에 흙으로 메워 골조가 드러나 있다. 나무 골조가 가로와 세로, X자 형태다. 나름 자연스런 맛도 있고, 복잡하게 얽히고설킨 인간사 같기도 하다.

높이 보이는 하늘과 낯선 땅 위에 서 있는 나에게 옷자락 틈새로 바람이 유쾌하게 몸을 휘감는다. 라인 강에서 합류하는 마인 강가로 나오는데 갑작스런 빗방울이 바람에 흩날리며 피부를 때린다.

어제 멀리서 본 바돌로매 대성당이다. 돔이 하늘 아래 가로수 사이로 보인다. 2차 세계대전 당시 시가지가 폐허가 될 때에 연합군의 공습기가 폭격 원점으로 삼은 덕에 유일하게 살아남은 건물이다. 높은 돔의 윗부분은 뜨거운 태양에 검게 그을렸다. 신성로마제국의 황제 대관식이 있던 곳이라 카이저 돔이라고도 불린다. 교황이 바돌로매의 유해를 성물로 보내면서 헌정된 교회다. 첨탑이 95미터다.

안으로 들어가니 큰 기둥이 줄지어 있고, 여러 인물들과 천사들이 화려한 조각품으로 남아 있다. 예수님의 수난을 나타내는 것들이다.

어린 괴테가 이곳에서 성가를 불렀다고 한다. 괴테는 일찍이 하나님을 만났을까? 하나님과 함께하는 인생의 의미를 깨달았을까? 그냥 그 시대 당연한 종교적인 문화에 익숙한 자의 삶이었을까?

독일교회는 입구로 들어갈 때 성수가 있고, 앞부분에는 예수님의 수난을 상징하는 조각들, 뒷부분에는 파이프 오르간, 그 사이에는 촛불과 다양한 조각상들로 구성되어 있는 경우가 많은 것 같다는 생각을 하며 버스에 올랐다. 번화한 프랑크푸르트에서 유일하게 중세시대 모습을 하고 있는 광장을 벗어나고 있다. 널찍한 거리, 가로수들과 그 사이의 벤치, 상가와 음식점과 노상 테이블이 영상처럼 지나간다. 끝이 보이지 않는 드넓은 평원과 작물들, 숲들, 놀고 있는 토지들이 마냥 펼쳐져 있다. 논두렁 밭두렁까지 작물을 심는 우리와는 너무나 다른 모습이다.

하이델베르크를 향한 고속도로에 올랐다.

개신교의 신앙고백서 하이델베르크 요리문답이 떠오른다. 팔츠에서 종교개혁이 진행되면서 팔츠를 다스리던 선제후 프리드리히 3세가 성경에 기반한 신앙고백 작성을 위한 위원회를 조직했고, 1563년 하이델베르크에서 열린 총회에서 요리문답이 채택된다.

흐르는 네카 강, 여기저기 흩어져 있는 대학 건물, 고성이 보인다. 17세기에 세워졌다는 건축물들이 즐비하게 서 있다. 중세를 옮겨 놓은 것 같다는 하이델베르크는 순수 교육도시로, 2차 대전 속에서도 연합군의 폭격을 받지 않은 곳이다. 220만 권의 장서가 있는 독일의 최고 대학(1386년 설립)이 있는 도시로, 15만 명도 안 되는 인구 중 20%가 넘는 인구가 학생이다.

큰 도시를 중심으로 명문대학이 있고, 큰 도시에 있어야 명문대학이 되는 우리와는 참 다르다. 독일 최고의 대학도시가 서울 같은 초대형 도시가 아닌 곳에 있다는 것이 낯설다.

비바람이 함께 우리를 맞이한다. 성령님의 은혜를 상징하는 비바람일까? 모자를 덮어쓰고 비바람 속에 다리 위를 걸어 본다. 산비탈에 있는 고풍스런 큰 성을 보니 마음이 숙연해진다. 사람은, 보이지 않는 살아 계신 영이신 하나님보다 눈에 보이는 생명 없는 풍채에 쉽게 마음이 움직이는 연약한 존재다.

300미터의 가파른 곳을 모노레일 덕에 순식간에 올라 고성에 도착했다. 초입을 조금 걸어가니 엘리자베스 사랑의 문이 있다. 〈황태자의 첫사랑〉이 촬영된 곳이다. 공원처럼 넓은 잔디와 정원수들, 성벽, 건물과 어우러진 문이 사랑스럽다. 왕비를 위해 산자락을 깎아내고 만든 이 정원에는 프리드리히 5세가 사랑하는 동갑의 아내에게 기쁨을 주려고, 하룻밤 사이에 만들어 깜짝 선물을 하였다는 이야기를 간직한 엘리자베스 문이 있다. 아내에게 눈물이 아닌 미소를 짓게 만들려는 마음이 고스란히 들어 있는 문이다. 영국에서 온 엘리자베스는 고향에 대한 그리움으로 눈물 흘리는 날이 많았다고 한

다. 문의 이마에는 "사랑하는 아내를 위하여"라고 새겨져 있다.

'그들의 선물인 석조 문'을 보며 나와는 다른 세계 사람들의 삶을 들여다보는 기분이었다. 그래도 선물을 주고받는 마음은 같으리라.

어느새 비도 그치고 높고 맑은 하늘에서 해도 따뜻하고 너그럽게 비춘다. 엘리자베스 사랑의 문이란 이름에 걸맞게 부부마다 손을 잡고 문 안으로 들어가고 있다. 서로 손을 잡고 마음까지 보듬는 귀중한 삶의 순간들이 되길 기도하는 마음으로 바라본다.

멀리서 보기에는 아름다운 고성이나 고달픈 역사를 가진 성이다. 30년 전쟁 기간에 이 성은 가톨릭과 개신교 양측으로부터 공격을 당하며 심하게 파괴되었다. 그 후 프랑스와의 전쟁으로 복원도 이루어지지 못했고, 번개로 화재가 발생하여 훼손되기도 했다. 또 주민들은 무너진 성에서 필요한 자재를 가져가며 성을 더 훼손시키기도 하였다고 한다. 성의 사람들과 성 밖 주민들의 거리감을 보여주는 이야기다. 주민들이 무너진 성에서 파벽과 같은 자재를 가져가서 사용했다는 것은 성에 대해 아끼는 마음이 없었다는 것이다. 마치 빼앗겼던 것을 찾아가는 보상심리로 부서진 파벽들을 가져갔을 수도 있다는 생각이 든다.

지금도 고성의 일부분인 대원 탑은 부서진 모습을 하고 있다. 벼락을 맞아 부서진 것이라고 한다. 빅토르 위고는 이 성에 대하여 "유럽을 뒤흔든 모든 사건의 피해자"라고 했다.

프리드리히 궁의 외벽은 1층에서 4층까지 선제후 16명의 조각상으로 장식되어 있다. '성 안에는 조각이 아닌 잠든 선제후가 있으려나' 하는 생각이 스친다. 오트 하인리히 궁은 르네상스의 대표적 독일 건축물이다. 이곳 역시 2층에는 구약성경의 4명의 인물, 3층에는 힘, 신앙, 사랑, 희망, 정의를 상징하는 덕장이, 4층에는 고대의 농업, 군대, 미와 사랑, 상업, 달의 여신 등이, 옥상에는 태양신과 신들의 왕 제우스가 서 있다. 이 성의 역사만큼이나 복잡한 조각상들이다.
　성벽을 바라보는 나도 복잡한 심경이다. 하이델베르크는 '거룩한 산'이란 뜻이다. 하나님도 혼합이 아닌 구별된 순결을 원하시는 분이다. 그러나 이 성의 조각상들은 구별된 거룩이 아닌 속되고 오랜 역사 내내 변하지 않는 천박한 인간의 탐심을 나타내는 혼합된 정신세계를 보여주고 있다.
　성의 지하에는 세상에서 가장 큰 술통이 있다. 술통을 한 바퀴 돌아보는 계단을 오르는 일행들이 꼭대기에서 손을 흔든다. 1751년에 선제후 카를 테오도어 때 제작된 가로세로 약 8미터 크기로 22만 리터가 들어가는 거대한 통이다. 전쟁 시 부족할 수 있는 식수를 위해 만들었다고 한다.
　이 통의 맞은편에는 이탈리아에서 왔다는 페르케오가 술잔을 든 채, 열쇠를 어깨 끈이 있는 가방처럼 메고 있는 목상이 있다. 이 목상은 실제 키와 같다고 하니 페르케오는 키 작은 난쟁이였음이 분명하다. 그는 15년간 매일 18리터의 술을 마시며 살았다고 한다. 그가 가진 열쇠는 술통지기였음을 나타내는 것일까? 아니면 귀족들을 즐겁게 해주는 광대였을까? 그는 80세에 의사가 건강을 위해 금주할 것을 권하자 다음날 사망하였다고 한다.

　술 취하기는 쉽지만 성령 충만 받기는 어려운 것이 오늘 우리의 현실이다. 성령 충만은 사랑, 희락, 화평, 오래 참음, 자비, 양선, 충성, 온유, 절제를 내면에 차곡차곡 쌓이게 한다. 현실의 삶이 성령님으로 인해 진리로 물들어가는 변화와 성장이 지속되기를 기대하며 거대한 술통을 한 바퀴 돌아 나온다. 성 뒤쪽의 정원은 괴테가 유부녀 마리안네폰 빌레몬과 이룰 수 없는 사랑을 꿈꾼 곳이다.

　대원탑 아래로 보이는 조금은 다른 빨간 지붕의 집들, 그 속에 성령교회의 지붕과 첨탑이 어우러져 아름다움을 더하고 있다. 강 오른쪽의 다리 같은 수문, 네카 강 건너편의 산기슭 아래 모여 있는 푸른 숲과 하얀 벽을 한 빨간 지붕의 집들, 강물은 마치 그 집들과 푸르른 산을 시원스레 사진처럼 반영해 주며 흐르고 있다. 청명한 공기가 기분도 맑게 한다.

　고성에서 내려와 독일에서 세 번째로 세워진 전통 있는 학교인 하이델베르크 대학으로 갔다. 하이델베르크 대학생들이 즐겨 부르는 하이델베르크의 아름다움에 대한 노래가 있다.

> 난, 내 마음을 하이델베르크에서 잃어버렸네
> 네카 강은 투명한 은빛을 반짝이며 흘렀네
> 어느 온화한 여름날 밤에
> 그녀는 온통 내 머리 속을 차지하고 있네
> 난 하이델베르크에서
> 내 마음을 영원히 잃어버렸네

95개조 반박문을 비텐베르크 부속성당 문에 게시한 루터는, 이 대학의 석사들과 40여 개 항목의 주제로 신학적 토론을 했다. 지금은 토론을 했던 건물은 보이지 않고, 그 장소임을 알리는 기념 동판만이 바닥에 부착되어 있다. 우리가 도착한 시간에 누군가 이 기념판 위에 주차를 했다가 시간이 지나니 주차된 차도 흔적 없이 사라졌다. 이곳은 대학과 동네를 구분할 수 없을 만큼 학교 건물과 개인 건물들이 여기저기 섞여 공존하고 있다.

눈에 보이는 것은 시간이 지나면 자취를 감추지만, 그래도 우리는 눈에 보이는 것을 추구하는 것에 힘을 다하곤 한다. 세월이 흐르면 많은 변화들이 있는 것이 인간사이다. 루터 시대 이후, 신성로마제국의 왕족과 귀족의 자제들이 많던 이 학교는, 공공의 유익에 반하는 목이 곧고 뻣뻣한 삶으로 탈선하는 귀한 자제들로 골머리를 썩었다

루터가 논쟁을 한 장소, 그 장소를 지나 걷는 부자와 주변

고 한다.

1712년부터 1914년까지 대학은 치외법권 지역이었다. 학생들이 범죄에 가담되어도 경찰은 처벌할 수 없었다. 이에 시민들의 불만이 점점 커지면서 1778년 기숙사의 한 층을 학생감옥으로 사용하기 시작했다. 결투를 하거나 경관을 때린 경범죄를 지은 학생들은 최소 2주일간 학생감옥에 있어야 했다. 감옥이라지만 처음 3일간은 빵과 물만 제공되고, 3일이 지나면 사식이 허용되고 수업도 받았다. 학생감옥 입구와 계단은 각종 낙서와 그림으로 도배되어 있다. 감옥에 갇힌 학생들은 반성하기보다는 명예롭게 여기며 술과 음식을 반입하여 낭만을 즐겼다고 한다.

하이델베르크 인문학부와 성령교회는 구시가지인 마르크스 광장에 자리하고 있다. 고성 아래 자리한 성령교회 종탑은 이 지역을 상징하는 붉은 사암으로 세워졌다. 종탑 끝에는 닭 모형이 있다. 교회를 상징하는 모형이라고 한다.

성령교회는 1398년에 건축을 시작하여 1515년에 완공되었다. 고딕양식과 바로크 양식이 혼합되어 있다. 첨탑 위의 지붕은 바로크 양식으로 1700년대 초반에 공사한 것이다. 이 교회는 루터의 종교개혁으로 개신교로 바뀌었다. 종교적인 여러 갈등 속에서 개신교 교회로 바꿀 수 있었던 용기와 힘은 진리와 생명이신 예수님을 만남으로 온 것이다.

30년 전쟁 시에는 이곳에서 로마 가톨릭과 개신교가 시간을 나누어 예배를 드리고, 문도 좌측은 로마 가톨릭 성도들이 우측은 개신교 성도들이 사용하였다고 한다.

교회 내부에서는 따뜻하고 평안함이 느껴진다. 교회로 들어서자 우측에 기도제목을 기록하는 곳이 있었다. 일행들은 기도제목을 적어서 지정된 벽에 부착했다. 나도 마음을 담아 기록을 하고 예배실 앞으로 가서 기도를 했다. 좌측의 파이프 오르간은 13년이란 긴 세월 동안 제작된 것이다.

특이한 점은 교회 외벽에 한 몸처럼 노점과 카페테리아가 붙어 있는 것이다. 시민들의 삶과 함께 공존하는 건물의 모습이다. 교회 앞 광장에는 동상이 있다. 그리고 식당들이 준비한 노상 식탁들이 즐비하게 자리를 차지하고 있다.

교회 오른쪽에는 네카 강을 건너는 테오도어 다리('옛 다리'라고 부름)가 있다. 카를 테오도어가 1786-1788년에 개축한 다리로, 다리 위에는 황태자 테오도어와 아테네 여신상이 있고, 입구 양쪽에는 동그란 손거울을 든 하이델베르크 원숭이 동상도 있다. 이 원숭이에 대한 전설 중에 하나는, 귀족이 원숭이를 키우다가 늙은 원숭이를 버리자 버림받은 원숭이가 '너도 늙는다'는 뜻으로 거울을 들고 지나가는 사람들을 비추었다고 한다.

괴테는 어김없이 매일 오후 4시면 이 다리를 건너 오솔길을 걸었다. 괴테의 철학적 사고의 깊이가 이 다리와 오솔길에서 더해진 것일까? 다리 입구의 아치형 관문이나 다리의 견고함은 한국에서 흔히 볼 수 없는 이색적인 느낌을 더해준다.

다리에서 다시 성령교회로 왔다. 교회에서 새어나오는 오르간 연주가 내 마음을 자꾸 끌어당긴다. 웅장하고 푸근한 음률에 마음이 저절로 실려진다. 13년의 세월을 거쳐 제자리를 차지한 오르간, 그 선율이 맑은 숨결로 스며든다.

이동할 시간이다. 만하임을 향한 버스에 올랐다. 지친 일행들은 금세 잠이 들기도 하고 몸을 틀어 앉기도 하며 달리는 버스에 몸을 맡기고 있다. 얼마나 지났을까? 뒤를 돌아보며 동공이 커진다. 너 나 할 것 없이 뒤돌아 셔터를 눌러댄다.

'우와! 무지개다. 땅과 하늘을 연결하려는 듯 보이는 커다란 쌍무지개다.' 잠자던 분들도 신기한 듯, 무지개를 보며 탄성을 지른다. 여행 첫날, 비행기 좌측 날개 위에 납작 붙어 있던 쌍무지개가 연상된다.

"하나님, 이것이 저를 향한 언약의 증표라면 여행 중 한 번 더 무지개를 보여주세요" 이렇게 기도했던 나! 그런데 다시 쌍무지개를 보다니! 정말 하나님이 내 기도를 들으시고 다시 쌍무지개를 연출해 주신 거란 말인가! 한 해에 두 번의 쌍무지개를 볼 수 있는 것도 큰 기쁨이다. 내 생애에 실제 쌍무지개를 본 적이 있는지조차 모르겠다.

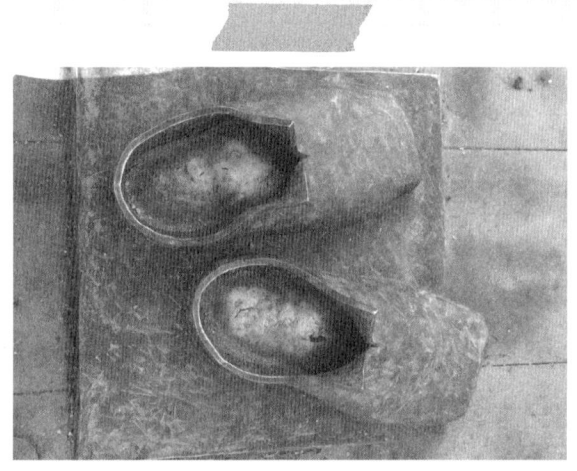

To. 독일, 나를 도우소서

Travel

6. 독일, 나를 도우소서

 보름스 대성당

라인 강을 끼고 있는 루트비히스 항구 근처에서 하룻밤을 보냈다. 라인란트팔츠 주 동남부에 위치한 항구다. 세계 최대의 화학 회사인 바스프(BASF)가 있는 화학공업의 중심지다. 내가 머물던 아파트가 강 건너에 보인다. 아침을 먹고 다시 짐을 챙겨서 강을 건넜다. 예정에 없던 곳을 가게 되면 마치 보너스를 받는 기분이다.

우리는 예정에 없던 루터를 기념해서 세웠다고 하는 교회를 방문한다. 살짝 빗방울이 떨어지고 날씨가 쌀쌀하다. 전쟁으로 폐허가 되어 교회 출입구 부분처럼 보이는 붉은 벽돌의 건축물과 기둥 모양의 철골구조만이 있다. 양쪽 기둥 사이에는 성경을 들고 있는 개혁가 루터와 그의 아내, 쪼개진 사과가 분수와 함

께 있다. 쪼개진 사과가 뭘 의미하기에 저렇게 세워 놓았는지 알 수 없어 답답하다. 남아 있는 건물의 높은 탑에는 시계가 움직이고 있다. 이 건물에 내부가 없다는 것이 믿기지 않아 열심히 종종거리며 뛰어 시계탑 뒤로 가니 그냥 정말 한 면의 벽일 뿐이다. 이 벽면은 멀리서 보면 멀쩡한 건물로 보이게 한다. 기둥이 세워져 있는 부분이 전에 예배를 드리던 내부 공간이었음을 알리는 흔적이다. 우리는 함께 모여 기둥이 보이도록 자리하여 단체 사진을 찍는다.

누구나 어두운 과거는 지우고 숨기려는 경향을 가지고 있다. 그런데 전쟁의 상흔을 지우기보다 복원하는 독일인들의 모습에서 그들의 솔직함을 이번 기간에 두 번째로 보고 있다.

보름스 대성당으로 향했다. 보름스도 라인란트팔츠 주에 있는 도시다. 이 도시에서 평신도 서임권에 종지부를 찍은 정교조약이 1122년에 체결된다. 역사가 깊은 이 도시는 부르군트 제국의 수도였으나 5세기 훈족에 의해 파괴된 후 크로비스 1세에 의해 재건된다.

카노사의 굴욕을 겪은 하인리히 4세의 결혼식도 이곳에서 있었다.

라인 강 근처에 있는 보름스 대성당은 100년이 넘는 긴 기간에 걸쳐 건축되었다. 오토 왕조의 3대 왕실 성당 중 하나로 1320년에 완공되었다. 8각의 다탑식 돔과 양쪽의 둥근 첨탑 외관은 어느 방향에서 봐도 정면 같다. 외부와 내부 벽면의 조각과 부조, 화려하지   않은 듯한 스테인드글라스, 자연채광의 내부 공간, 고풍스런 멋과 위엄이 왕실 성당으로서의 기품을 나타내고 있다. 로마네스크와 고딕 양식이 어우러진 건물 자체의 분위기는 압도하는 힘이 있다.

예배실은 경건하기보다는 왠지 어둡고 무거운 압박감이 느껴진다. 1521년 루터는 이곳에서 열린 '보름스 제국의회'로 소환당한다. 루터가 이 성당 안에서 재판을 받은 것은 아니다. 그가 재판을 받은 날은 여러 날에 걸쳐 있던 제국의회가 끝날 즈음으로, 많은 사람들이 자리를 떠난 후였다고 전해진다.

하일스호프 공원과 루터 광장

당시 루터가 심문 받았던 장소로 이동했다. 하일스호프 공원이라는 표지가 보인다. 하일스호프 공원 입구에는 청동으로 제작된 안내판이 있다. 이 안내판에는 "이곳은 서양에서 가장 기념할 만한 장소 중 하나이다. 로마인의 거룩한 사원 지대, 니벨룽겐의 성벽, 카를(Karl) 대제의 황궁, 후작 지위를 가진 보름스 주교의 법정이었고, 1689년과 1794년에 프랑스인들에 의해 파괴되었다. 여러 번의 의회와 영주 회의가 이곳에서 있었으며, 마르틴 루터가 황제와 제국 앞에 서기도 했다"라고 기록되어 있다.

루터는 1520년 《독일 크리스천 귀족에게 보내는 글》에서 만인제사장론에 근거하여 지배계층이 책임을 다하여 개혁에 동참할 것을 촉구한다. 《교회의 바벨론 포로》를 통해서는 7성례 중에서 세례와 성만찬만이 성경적임을 주장한다. 《크리스천의 자유》에서는 이신칭의를 바탕으로 믿음은 그 무엇에도 매이지 않는 것이며, 그리스도인은 자발적으로 종이 되어 섬기는 존재임을 주장한다. 이러한 루터의 사상은 가톨릭이 주장하던 권위에 폭탄을 투하하는 것과 같은 위험한 도전이었다.

이에 1520년 교황 레오 10세는 성경해석이 공격받고 있어 슬픔을 감출 수 없다며 루터를 이단아로 몰았다. 만약 루터가 주장을 철회하면 용서하겠다고 교서를 공포하고, 60일 이내에 주장을 철회할 것을 요구한다. 이에 작센 주의 영주 프리드리히는 황제에게 루터 문제를 보름스에서 해결하자고 제안한다. 프리드리히는 루터와 그의 개혁사상이 영주와 신학자들 앞에서 공정한 심문을 받아야 하며, 심문은 독일지역에서 이루어져야 하고, 루터가 보름스에서 심문을 받는다면 그곳으로 오는 동안 신변이 보호되어야 함을 주장한다.

1521년 보름스 제국회의에서, 교황청은 루터를 교회에서나 세상에서나 치워져야 할 저주받은 존재로 단죄한다. 루터는 신성로마제국 황제로부터 형벌이 내려지도록 카를 5세의 손에 넘겨졌다.

보름스 제국회의 청문회에서 루터가 외롭게 서서 심문 받던 자리일까? 청동으로 만든 가죽신발 한 켤레가 루터가 서 있던 장소임을 밝히고 있다. 제국회의를 상징하는 조형물이다. "여기 섰습니다. 황제와 제국 앞에, 마르틴 루터 1521"이라고 기록된 돌판이 있던 자리를 청동 신발로 대체해 놓았다고 한다.

황제 앞에 선 루터는 이렇게 고백했다.

> 나는 그 어느 것도 철회할 수 없습니다,
> 지금 나의 양심은
> 하나님 말씀에 사로잡혀 있습니다,
> 양심에 반하는 것은 불편할 뿐 아니라
> 안전하지도 않습니다,
> 주여,
> 나를 도우소서, 아멘,

하나님의 말씀에 양심이 사로잡혀 있는 루터, 말씀을 영혼의 닻으로 삼은 루터의 고백이다. 이 고백은 당시의 가장 큰 권위자인 로마제국 황제 앞에서 하나님 편에 선 루터의 충성스런 선택이 돋보이는 고백이다. 교황청으로부터 반박문 철회를 요구받고 24시간을 번 후에 이곳에 서서 "나는 여기 서 있습니다. 하나님이여, 나를 도우소서"라고 기도했다는 가이드의 목소리가 들린다.

하나님 나라와 땅의 나라 사이에 낀 루터의 물러설 수 없는 의지, 오직 하나님만을 바라보는 중심은, 절대 기준이 '오직 하나님 말씀'임을 나타낸다. 개혁신앙은 하나님 말씀에 사로잡힌 참된 신앙인에 의해 오고 오는 세대에 끊임없이 전수될 것이다.

프리드리히의 도움은 루터를 향한 하나님의 보호의 손길이었으리라. 우리 일행은 진리이신 하나님 앞에 서서 진리를 사랑하는 마음으로 루터의 "내 주는 강한 성이요 방패와 병기 되시니 큰 환난에서 우리를 구하여 내시리로다" 찬송을 함께 부른다. 외면할 수 없는 진리이신 주님, 주님을 향한 믿음에 단단히 붙잡혀 있던 루터의 당당함이 가슴속으로 파고 들어오는 듯하다. 오직 예수 그리스도로 인한 믿음이 나와 한국교회의 성도들을 사로잡는 믿음이 되기를 기도한다.

바로 옆에는 종교개혁을 기념하는 루터 광장이 있다. 루터 광장은 에른스트 리첼과 키에츠, 돈도르프, 실리이에 의해 1868년에 만들어졌다. 루터 기념비를 중심으로 십자가를 들고 있는 체코의 종교개혁가 얀 후스, 이탈리아 종교개혁가인 지롤라모 사보나롤라, 프랑스 발도파를 창시한 페트뤼스 발데스, 영국의 종교개혁가 존 위클리프 등의 선구자들이 자리하고 있다. 루터 앞의 두 인물은 신성로마제국의 황제인 프리드리히 1세와 헤센 주의 영주인 필립 백작이다. 그 뒤의 인물은 인문학자인 요하네스 로이힐린과 필립 멜란히톤이다.

루터는 성경책에 손을 얹고 있다. 교황권이 성경보다 우선되던 교권주의 시대 속에서 그가 얼마나 말씀을 중요하게 여겼는지를 보여준다. 오직 성경을 외친 루터는 로마 가톨릭 편에서는 단지 섣부른 저항아이거나 반역의 총수로 비쳐졌을 것이다.

루터 동상 하단에는 "나는 어찌할 수 없습니다. 하나님, 이 몸을

도우소서"라는 문구가 있다. 동상들 둘레에는 종교개혁의 중심도시인 말부르크와 스파이스를 나타내는 상징물도 있고, 가장 큰 피해를 당했던 말부르크 도시에 대한 슬픔을 담은 모습의 천사상도 있다. 스파이스는 종교개혁의 입장을 처음으로 인정받은 도시다. 하나님의 참된 진리를 찾고 수호하려다 피해를 입는다는 것이 슬프기도 하지만 영광스런 일이기도 하다. 그런데 그것을 감당해야 하는 시대와 자리에 있다는 것은 얼마나 힘들고 고달픈 것일까?

나도 오직 성경, 오직 믿음, 오직 은혜라는 '개혁의 영성으로 하나님과 시대의 부름 앞에서 부끄럽지 않은 모습, 하나님의 마음을 대변하는 삶일 수 있을까?' 마음이 무겁다. 나는 오직 믿음으로 산다고 생각했는데, 세월이 지난 어느 날 나를 돌아보니 나의 힘으로 산 날들이 많았다. 내가 주체가 되어, 주님으로 인한 순종보다는 나의 힘을 다한, 헌신과 믿음이 아닌 나의 열정으로 얼룩진 날들이 내 뒤에 있었다. 그럼에도 불구하고 방향을 전환하는 것이 쉽지 않았다.

그리 멀지 않은 곳에 루터와 관련된 전설이 있는 나무도 있다. 할

머니 두 분이 루터의 진리가 진실이냐 아니냐를 두고 논쟁하면서 '막대기를 꽂아 잎이 나면 진리이고 잎이 안 나면 진리가 아니라고 했다'는 이야기를 지닌 나무다. 과연 그 막대기에서 잎이 나와 오늘의 나무가 되었다고 한다. 나무 기둥 속은 텅텅 비어 있다. 겉보기에 둘레만 커 보인다. 전설의 진의 여부를 떠나 기둥의 둘레가 500년은 족히 되어 보이긴 한다.

삼위일체 교회와 마구누스 교회

대성당 앞에 있는 삼위일체 교회로 이동한다. 보름스 대성당에 비하면 초라하다. 진리를 높이 든 개혁신앙에 근거한 교회임을 증명하듯이 "오직 믿음, 오직 은혜, 오직 성경"(sola fide, sola gratia, sola scriptura)이라고 디자인된 깃발이 대성당 방향으로 휘날리고 있다. 대성당과 한국교회에도 성령님의 바람이 불기를, 하나님의 흔들어 깨우는 숨결이 본질로 돌이키는 응답으로 나타나기를 기도한다. 또

나의 양보할 수 없는 하나님을 사랑하는 유기체인 주님의 몸 된 교회를 세울 소임에 대해 생각해 본다.

위의 사진은 현관이다. 현관 위의 문장들이 상징하는 바를 가이드가 설명했으나 잘 듣지 못해서 아쉽다. 삼위일체 교회는, 1689년 프랑스 루이 14세의 군대로 인해 도시가 불타서 파괴된 이후, 1709년부터 화재로 소실된 시청사

자리에 종교개혁을 기념하기 위해 세워진 교회다. 이 교회는 종교개혁 기념교회로 불리기도 하는데, 2차 대전 시 피폭으로 피해를 입은 후 다시 복원되었다.

예배실의 스테인드글라스는 루터의 보름스 제국회의 시 청문회를 표현한 것이다. 주로 파란색과 붉은 색을 사용하여 형이상학적으로 표현하였다. 아래의 사진은 보름스 제국회의를 나타내는 그림이 중앙에 있다. 그림 중앙 의자에 카를 5세가 앉아 있고, 황제 앞 양편에는 문서를 들고 있는 사람과 루터가 자신의 주장을 펼치고 있는 모습이다.

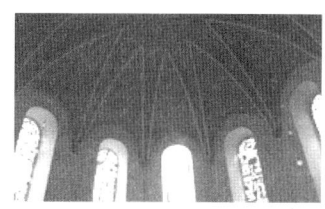
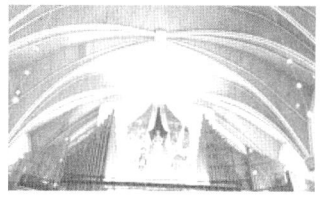

마구누스 교회가 근처에 있다. 신성로마제국 전체에서 최초로 루터의 개혁사상을 받아들인 교회다. 내부는 단순하다. 대성당의 압박이 느껴지는 무거운 공기와는 달리, 왠지 모를 편안함과 부드러움이 몸과 영혼을 안온하게 감싸며 스며든다. 하나님과 화목한 교회에 가득한 숨결이 내 안으로 흘러들어오는 것일까?

잠언 17장 1절, 마른 떡 한 조각만 있고도 화목하는 것이 육선이 가득하고 다투는 것보다 낫다는 말씀이 떠오른다. 탐욕을 채우려 하나님의 힘을 빌리려는 예배의식이 팽배한 오늘이다. 그래서 하나님과 불통으로 끝나 버리는, 생명을 잃어버린 의식으로 전락한 각종 프로그램들이 즐비하게 있다. 한 조각의 마른 떡을 먹을지라도 하나님을 사랑하여 하나님께 깊이 뿌리를 둔 삶을 살며, 하나님을 더 알고자 하는 마음으로 예배할 수 있다면, 이런 예배자는 일상생활 속에서도 하나님 나라의 복음인 십자가 사랑에 뿌리를 둔 삶을 외면하지 않을 것이다.

하나님 앞에서는 거룩으로, 사람 앞에서는 온유함으로, 자신에게는 진실한 양심으로 살아가는 삶이 예배자의 삶이다. 이런 예배자는 세상의 부패를 막는 소금으로 세상 속에 자리하게 된다. 또 전통과 권위적 조직에 힘겨워하는 자들과 소통하며 보듬는, 강하지만 부드러운 인격의 소유자로 자라가게 된다.

맑아졌던 날씨가 오후가 되자 갑자기 돌변한다. 바람이 불고 흩뿌리듯 비도 내린다. 나는 옷깃을 여민다. 아침의 비바람과 오전의 더운 공기, 점심을 마친 후에는 비바람에 춥기까지 한 하루가 끝나가고 있다.

이 밤은 일제 강점기 손기정 선수가 베를린 올림픽에 참여하기 위해서 묵었던 홀리데이 인 호텔에서 보낸다. 그날 밤 손 선수의 마음은 어떠했을까? 나라를 잃고 일장기를 달고 달려야 했던 그는, 내일에 대한 어떤 기대를 가지고 이곳에서 머물렀을까? 젊은 마라토너의 모습보다 영상으로 본 연약해진 노장의 모습이 떠오른다.

야속하게도 숙소는 손 선수의 복잡했을 마음과는 달리 평원의 숲속같이 조용하고 안연하기까지 하다. 숲속에서 들려오는 새소리와 풀벌레 소리는 감미로운 리듬으로 마음 깊이까지 뚫고 들어온다. 손 선수가 머물던 밤에도 빼앗긴 조국의 응원 소리처럼, 자연의 소리들이 정겹게 노래를 불러 주었을까?

To. 독일, 수도사가 되겠습니다

7.
독일, 수도사가 되겠습니다

 아이제나흐

루터가 사랑한 구동독의 작은 도시, 아이제나흐를 향해 두 시간여를 북쪽으로 이동했다. 프랑크푸르트에서 옛 동독 국경을 지나면 아이제나흐. 튀링겐 숲 한복판에 위치한 인구 5만 명 정도의 소도시이나 작곡가 요한 S. 바흐가 출생한 곳이기도 하다.

루터는 보름스에서 피신하여 아이제나흐의 바르트부르크 성에서 그리스어로 된 신약성경을 독일어로 번역한다. 이에 1522년 '루터 성서'가 탄생된다. 바르트부르크 성은 독일에 위치한 성 중 최초로 유네스코 문화유산에 등재된 곳이다.

한국시간은 아직 칠흑같이 어두운 시간이나 여기 하늘은 높고, 바람은 맑다. 원주에서 오늘은 종교용지 분양을 위한 추첨이 있는  날이다. 처음 교회를 개척할 때 하나님은 건축을 하게 하셨다. 돈도 없었고 서울에서 20년 가까이 있던 내게 원주에서는 함께할 사람이 아무도 없는데 원주에서 개척을 하도록 하셨고, 동시에 건축을 하게 하셨다.

양로원의 빈방을 하나 빌려 예배를 드리며 매일 새벽에 일어나 건축현장으로 가서 현장을 감독했다. 돈이 있는 만큼만 건축을 한다는 마음으로 시작해서 돌도 고르고 타일도 붙이고 벽에 칠도 하며 닥치는 대로 잡일을 했다. 당시 나는 건축에 대한 선이해가 전혀 없었다. 단지 하나님의 명령에 순종하는 마음으로, 오직 하나님만을 의지하며 직영으로 건축했다. 봄에 시작된 건축이 겨울에 접어들면서 가까스로 마무리가 되어 갔다. 다리는 끊어질 듯 아프고 손가락은 마디마디가 욱신거리는 일이 반복되었다. 기억력은 건축하는 동안 놀랍도록 불에 타는 나무처럼 사그라져 없어졌다.

그런데 다시 부지를 매입할 시도를 한다는 것은 무척이나 부담스런 일이었다. 교회가 수적으로 부흥을 한 것도 아니기에 현실적으로는 부지를 매입해야 할 합리적인 근거가 하나도 없다. 그래도 주님께서 원하시는 것이라면 주님의 마음과 함께 동역해야 할 일이다. 뭔가 하나님이 한 걸음씩 인도하시는 것 같으나, 확고부동한 확신은 내게 없었다.

어제 본 쌍무지개와 거리에서 유난히도 자주 본 쌍둥이들이 떠오른다. 유럽에 오면서 끊임없이 하나님께 묻고 또 물었다. '내가 감당할 일인지, 아닌지?' 하나님은 "내가 너를 사랑한다. 염려 마라, 아무 염려 마라"라고 지속적으로 말씀하신다. 결국 여행을 떠나기 전 부지 추첨을 하게 되면 신청해 달라고 부탁한 분께 메시지를 보냈다. 그분은 다시 더 생각해 보고 결정해서 알려 달라고 한다. 나를 염려하고 배려하는 마음이 담긴 말이다. 하나님이 '염려 마라'고 하시기보다 '추첨에 응해라' 또는 '추첨에 응하지 마라' 이렇게 말씀하시면 얼마나 좋을까?

　나의 복잡한 생각과는 달리 끝없이 펼쳐진 평원에는 농작물들이 맘껏 무성하게 자라고 있다. 경작되지 않는 땅도 수없이 보인다. 버스는 내리 달리기를 반복한다. 우리나라보다 세 배 이상 큰 땅, 국토의 70%가 평지인 독일, 인구 8천만, 남북의 인구가 7천만인 우리도 독일처럼 통일국가가 되기를 기도한다. 후손들에게 통일한국을 언제나 물려줄 수 있을까?

　루터 모친의 고향이기도 한 오늘의 첫 목적지에 도착했다. 귀금속을 파는 상점과 생필품을 파는 상점 사이 아주 작은 골목 같은 곳에 끼어 있는 2층으로 된 카키색의 이색적인 작은 주택이 보인다. 이 도시에서 가장 작은 주택이라고 한다. 내가 지금까지 살면서 본 집 중에서도 가장 작은 집이다. 유럽의 집들은 우리처럼 집과 집 사이에 간격이 없다. 한 줄로 붙어 늘어서 있다. 참 특이하다.
　중심거리를 지나서 점심식사를 하러 중식당으로 갔다. 이 거리들이 루터와 바흐가 재잘거리기도 하면서 걷고 뛰며 자랐던 곳이다. 마치 골목에서 10대의 루터가 친구들과 뛰어나올 것 같다. 길거리 음식들도 여기저기 보인다. 중심가에는 루터의 동상이 있다. 루터가 보름스 의회로 출발하기 전에 예배를 드린 게오르기 교회가 보인다. 바흐가 유아세례를 받은 곳이다.
　교회마다 파이프 오르간이 있기 때문일까? 방문했던 교회들마다 음악회 전단지가 있곤 했는데, 이곳에서도 음악회가 끝난 뒤 교회 문을 통해 사람들이 나오고 있다. 독일의 많은 교회들은 음악회를 자주 하는 듯하다. 새롭게 교회를 건축하면 지역의 음악인들을 위한 연습공간과 음악회를 열어도 좋겠다는 생각이 든다.

교회 현관에는 종교개혁 500주년을 기념하는 루터의 얼굴이 들어 있는 포스터가 있다.

예배실 정면에 루터가 작시한 "내 주는 강한 성이요"라는 글귀가 새겨져 있다. 루터를 지탱해준 주님을 향한 마음 깊은 고백, "내 주는 강한 성이요, 방패와 병기 되시니 큰 싸움에서 우리를 이기게 하시리로다." 이 고백을 얼마나 자주 하며 마음을 다 잡아야 했을지 생각하니 당시 루터

의 어려움이 나의 어떤 책임을 재촉하는 기분이다.

아이슬레벤에서 태어난 루터, 어린 시절 집을 떠나 이곳에서 하숙을 하면서 공부한 루터, 루터하우스 앞에는 한 그루의 사과나무가 있고, 그 아래 스피노자가 한 말로 알고 있던 "지구가 오늘 멸망하더라도 나는 한 그루의 사과나무를 심겠다"는 명언이 있다. 스피노자가 루터의 말을 인용한 것이라고 하는데, 명확한 근거는 없다고 한다. 벽체에는 변장한 루터의 얼굴을 그린 벽화가 있다. 보름스에서 돌아오는 길에 생명의 위협을 받아 한 변장이다.

아이제나흐에서는 매년 다양한 장르의 음악축제가 열리는데, 바흐의 악기로 여행객들이 음악수업을 받을 수 있는 기회도 있다고 한다. 음악적인 감각이 미천한 나지만 거장 바흐의 마음과 손길이 닿았던 악기를 떠올리기만 해도 마음에 감동이 몰려온다. 언젠가 음악축제 속에 서 있는 나를 만날 수 있을까?

시냇가라는 뜻의 이름인 바흐의 집이 살짝 언덕을 넘으면 서 있다. 저 높은 곳에서 내려오는 찬연한 햇살과 그 아래 초록 잎들 사이의 한 남성, 마치 악보의 한 소절 같은 분위기가 눈길을 멈추게 한다. 굵직하면서도 부드러운 바리톤의 목소리를 가진 듯하고, 푸근하고 강직하면서도 어깨에 기대도 될 것 같은 중년 남성이, 왼손에는 악보를 오른손에는 펜을 들고 우리를 맞이한다.

청동으로 주조한 바흐의 동상이다. 그의 부모님은 어린 시절 돌아가셨고, 아내는 바흐가 연주 여행을 떠난 사이 아이들을 남겨둔 채 병으로 세상을 떠났다. 재혼으로 많은 아이들을 낳았으나 10명의 자녀는 어려서 죽었고, 그 역시도 노년에 눈이 멀고 반신불수가 되었다. 평생 경제적인 어려움 속에 살았으나, 그의 작품들은 영혼을 사로잡는 웅장함과 깊이 있는 경배와 감사가 들어 있다. 인간 현실의 고난은 단지 비참함으로 끝이 아닌 하나님이 깊이 있게 하고, 영광스럽게 하는 담금질에 지나지 않는 것이다. 바흐는 악보에 늘 "오직 하나님의 영광을 위하여, 주 예수여 도우소서"라고 써놓았다고 한다. 바흐의 모습을 카메라에 담고는 아쉬움을 뒤로한 채 빠른 걸음으로 버스에 올랐다. 버스는 살짝 내리막길을 향하고 있다.

'기다리다'는 뜻의 바르트부르크 성을 향해 달린다. 어느새 버스는 한참이나 고지를 오르고 있다. 우리는 고지 중턱의 주차장에서

내렸다. 그리고 가파른 길을 한참을 걸어 올라가고 있다. '에고, 힘 들다.' 다리가 안 좋은 분들이 오를 수 있을까 염려가 된다. 뒤돌아 서니 저 아래로 아득히 붉은 지붕의 마을이 보인다. 숨을 몰아쉬며 오르고 올라 산 정상에 있는 바르트부르크 성에 도착했다. 어젯밤 침 치료를 받은 분들이 낙오되지 않고 다들 잘 올라오셨다. 침 치료를 해주신 목사님이 흐뭇한 표정이다.

높은 고지의 산 정상에 세워진 아름다운 성, 봉건시대에 건축된 성이다. 성 안의 가파른 계단을 올라 파수꾼의 전망대가 있다. 전망대에서는 푸르른 숲과 끝없이 드넓은 독일 평원, 아스라이 먼 지평선이 보인다. 이스라엘 사람들이 마지막까지 사수했던 맛사이가 교차되는 이유는 '요새'라는 공통점 때문이리라. 높은 곳에서 적의 움직임을 간파하며 성을 지키고자 했던 마음이 같은 것이었을까?

파수대에서 내려와 루터가 신약성경을 번역한 방이 있는 건물로 가고 있다. 낮은 뜰의 중심에 깊은 우물이 보인다. 이 높은 곳에 지금도 우물물이 솟아나고 있다는 것이 마냥 신기하다. 생명수이신 예수님, 내게 오는 자는 영원히 목마르지 아니하리라 말씀하신 주님,

파문을 당하면서도 예수님의 마음을 따라간 루터의 삶, 말씀이 말씀으로 대접받도록 한 루터의 인생길이 옳았음을 증명하는 샘물일까? 주님이 오시는 그날까지 끊이지 않는 생명수 샘물이길, 이곳을 방문하는 자들마다 생명수이신 예수님으로 되살아나고 충만해지길 기도한다.

카를 5세에 의해 가장 혐오스런 이단자로 정죄되면서도 자신의 견해를 철회할 수 없었던 루터, 루터에게 집이나 거처를 주지 말고, 먹고 마실 것을 주지 말며, 말이나 행동으로 지지하지 말 것과 그가 발을 들여놓는 곳에서는 당장 체포하여 황제에게 보내라는 명이 선포된 그 시대, 루터의 후원자에게도 이와 같이 대할 것을 요구하며, 루터의 재산은 몰수하여 자신의 유익을 위해 소유하고 사용하는 것은 교황으로부터 면죄를 받는 길이며, 신앙의 표징이라고 공포할 수 있던 그 시대, 당시 시대정신이 얼마나 암울했으며 대중들이 얼마나 무지했는지를 보여주고 있다. 그래서 루터는 더욱 솟아오르는 맑은 샘물이며 빛이었을 것이다.

우물에서 조금 더 가니 성을 지키는 대포가 성 밖을 향해 전시되어 있다. '루터와 그의 보호자를 이 대포가 보호하였을까?' 루터가 타고 온 가죽 천막의 마차가 있는 위쪽의 방이 루터가 머물며 신약성경을 번역한 곳이다. 신변의 위협 속에 루터를 지지한 프리드리히 영주(작센 선제후)의 도움으로 무명의 기사로 변장하여 비밀리에 머물게 된 루터의 다락방이다.

루터는 성경을 읽을 수 없는 사제들을 위해서도 성경을 번역해야 한다는 소명감 속에 있었을 것이다. 루터가 번역한 신약성경은 표준 독일어의 틀이 되었다고 한다.

나는 마차에 올라 촬영을 위해 포즈를 취했다. 성경을 번역하다가 창밖을 내려다보았을 개혁자 루터가 마치 나를 보고 있는 것 같다. 다윗이 그리스도 예수를 보고 기뻐하였듯이, 십자가 복음으로 하나님의 구원, 거룩, 의를 가진 지금 여기의 우리가 그의 눈 앞에 있는 꿈을 루터가 꾸었을까?

하나님은 오늘도 시대의 영성을 새롭게 할 또 다른 루터를 찾고 찾으며 보호하고 세우고 계실 것이라 생각하니 마음에 위안이 된다.

당시 성경은 구약은 귀족의 언어인, 라틴어로 신약은 헬라어로 되어 있었다. 그래서 지도층이나 성직자만이 성경을 읽을 수 있었다. 당시 가톨릭은 사도적 계승이 주교의 안수를 통해 전이된다고 가르쳤다. 사제서언을 하고 몇 개월간의 기초교육을 받으면 안수를 받고 사제가 될 수 있었다. 또한 돈을 내고 주교직을 매수하기도 했다. 사제 중에는 성경을 읽을 수 없는 자들도 많았다. 성경을 읽을 수 없는 사제들이 있었지만 영적 권위의 상징인 설교권이 사제들에게만 있다는 교권주의 역시 팽배했다.

루터의 95개조 반박문은 부패한 교회세력과 귀족들을 향한 것이기에 라틴어로 표기되었다. 당연히 서민들은 95개조 반박문의 내용을 알 수 없었다.

루터는 라틴어와 헬라어를 배워 성경을 한 구절 한 구절 읽으며 무슨 생각이 들었을까? 말씀을 재발견하는 기쁨에 벅찼을까? 아니면 오도된 신학과 교리적 탈선, 불의한 제도와 세속화된 권력으로 인해 배신감과 서글픔이 밀려왔을까?

루터의 성경번역과 95개조 반박문은 구텐베르크의 금속인쇄술로 급속한 파급력을 갖게 된다. 인쇄술과 번역이 하나가 되어 사람들 손에 들려지게 되고, 때가 찬 하나님의 경륜 가운데, 새로운 지리상의 발견으로 인한 세계관의 변화와 르네상스 인문주의 영향 속에서 사회구조에 대한 변혁에의 욕구들이 어우러져 개혁의 불길이 번져 나갔을 것이다.

루터가 이곳에서 지내는 동안 비텐베르크에서는 미사의 즉각적인 폐지와 성상의 사용이나 독신제의 서원을 정죄하며 급진적인 개혁운동이 전개되고 있었다. 오랜 세월 속에 쇠퇴와 권력의 중심을 차지했을 것 같은 성이다. 이 성에 머물던 루터의 영성을 느끼고 만지고 담고 싶다. 루터의 영혼을 비추었던 빛이 나의 무지로 허비된 시간들을 충만한 온기로 변화시켜 주길 간절히 기도한다.

요새 형태의 이 성에서는 아이제나흐가 내려다보인다. 눈앞에 펼쳐지는 널찍한 땅 위의 든든한 성, 성 아래의 푸른 숲이 성을 보호하듯 감싸고 있다. 저절로 입을 벌리고 숨을 쉬게 하는 맑은 공기가 나의 숨결을 타고 뱃속까지 들어온다. '아 정말 좋다.' 여러 나라의 남녀노소들이 이곳을 방문하여 루터의 발자취를 마음에 새기고 있다. 루터로 마음이 하나가 되어서일까. 외국인들이 낯설지 않다. 하늘 아래 이 성은 큰 날개로 모두를 포근히 품는 듯하다. 종교개혁자 루터의 모든 중압감이 사라지기에 충분할 듯한 멋진 풍광이다. 이곳의 성주도 산세에 매혹되어 성을 건축했을 것이다.

이 성은 독일이 동독과 서독으로 나뉘어 있을 때 국경에 인접한 곳으로 독일 분단과 통일의 상징이라고 한다. 남북으로 나누어진 나의 조국, 휴전선으로 잘려진 내 고향 강원도, 내가 사는 곳 원주를 생각하며 강원도가 통일의 상징이 되기를 기도한다.

우리는 또 버스를 타기 위해 가파른 길을 재촉하며 내려갔다. 오른손에 망치를 높이 들고 있는 루터의 입간판은 경사로를 내려가는 우리를 바라보고 있다. 부패한 전통과 교권에 농락당하지 말라고, 오직 말씀으로 시대를 거스르는 영성으로 살라고 크게 외치는 듯하다. 언젠가 또다시 오고 싶은 곳이다.

루터가 대학에 입학하면서 10년간 생활한 곳인 튀링겐 주의 에르푸르트가 다음 행선지다. 에르푸르트는 루터의 정신적인 고향이며 그가 신부 서품을 받은 곳이다. 서품을 받는 그날, 파문당하여 변장한 병사로 지내며 성경을 번역하고 있을 처지를 상상이나 했을까? 인생이란 이렇게 우리의 계획이나 상상과는 다르지만 하나님의 큰 손 안에서 자라가고 익어가고 있다. 나도 하나님의 큰 손 안에서 지금 에르푸르트를 향한 버스 안에 있다는 생각으로 내 삶을 다독인다.

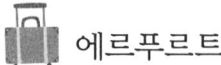 에르푸르트

버스에 오른 지 30분 정도 지나 에르푸르트에 도착했다. 버스에서 내리며 다들 "아이구, 아이구" 소리를 낸다. 나 역시 이 여행이 쉽지 않다. 에르푸르트는 독일 국토 중앙에 위치해 있으며, 중세 이후 상업의 중심지 역할을 하고 있다. 20만 명 정도의 인구가 거주하는 도시다.

1392년 설립된 에르푸르트 대학은 급진적 사상의 본거지가 된다. 당시 에르푸르트는 재력 있는 인재들이나 갈 수 있는 명문대학이었다. 루터는 부친의 권유에 따라 이곳에서 법률을 공부하고, 1502년 학사학위를 받고 다시 이곳에서 석사학위를 받는다.

유명론의 아버지인 오캄의 후예 비엘(G. Biel)을 만난 곳도 이곳이다. 유명론자들은 하나님의 전능하신 주권을 강조하면서, 인간은 성화된 생활을 통한 선한 행위에 기초하여 구원을 받는다고 믿었다. 이들은 구원을 위한 인간 스스로의 능력을 강조하였다. 비엘의 영향으로 구원을 위해 고행에 힘쓰던 루터가 된 것은 아닐 것이라고 생각하며, 그의 대학생활은 그에게 어떤 의미가 있었을지 생각해 본다. 루터가 대학생활 속에서 만난 중요한 사건은 도서관에서 발견한 성경 전권이 아니었을까? 당시 성경은 필사본이었기에 전권의 부피는 이루 말할 수 없이 컸다. 필사본의 가격은 농장 하나 값이었다고 하니 개인이 소유한다는 것은 쉽게 상상할 수 없는 일이다.

대성당이 보인다. 뾰족뾰족한 고딕 양식과 스테인드글라스로 유명한 성 마리아 성당이다. 루터가 1507년 신부서품을 받은 곳이다. 이 성당은 루터가 수도생활을 하던 아우구스티누스 수도원 소속 교회이다. 웅장하기 그지없다. 오랜 세월을 견디어 온 듯 햇볕에 그을린 건물 외관이 고풍스럽다. 오르고 올라야 하는 전면의 수많은 계단들, 하늘을 향해 우뚝 솟아 있는 위엄 있어 보이는 뾰족한 탑들, 중앙의 십자가에 달린 예수와 양편에 한 여인과 남성이 있다. 그 아래에 아기 예수를 안고 있는 마리아상, 좌우에 높이 세워진 조각상들, 그 아래가 출입문이다.

고딕 제단, 제단 뒤의 엄청난 스테인드글라스 창, 모두가 화려하다. 조각품들은 성경 내용을 담고 있다. 예수님의 시신을 담은 관을 표현한 작품, 승천하시고 성령을 보내주신 예수님이 하나님 우편에 계신 것을 표현한 조각품도 있다.

오직 사제들의 것인 양 성경번역을 금지한 반면, 조각과 그림으로 성경 이야기를 나타내고 있다. 대성당은 746년 건축되었다고 한다. 이후 성당의 모습은 변화를 거듭했으리라 혼자 생각하며 자리에서 일어선다.

수많은 사람들의 수고와 땀이 어우러져 세워지고 재건되며 지금까지 유지되고 있을 것이다. 그들의 수고가 하나님을 오롯이 사랑하는 마음이었을까? 무지한 대중들이, 그 수고를 통해 하나님의 환심을 사서 자기의 이생과 내생의 욕심을 채우려는 이기심이었을까? 권력의 힘에 눌린 어쩔 수 없는 희생이었을까?

성당 옆의 교회도 역시 심상치 않은 모습이다. 하나님과 건물들, 그리고 사람들, 어떤 상호관계 속에서 지금까지 역사는 흐르고 있는 것일까? 이 속에서 세상을 추구하는 사람들이 이성의 논리만으로 도달할 수 없는 영혼의 빛을 발견하기를 기도한다.

가까이에 아우구스티누스 수도원(Augustinerkloster)이 있다. 수도원이 있는 마을은 아주 좁은 골목이 있는 마을이다. 이 수도원은 위대한 신학자인 아우구스티누스의 뜻을 실천하기 위해 세워진 것이다. 수도원의 규율은 굉장히 엄격했다. 지금은 수도원으로 사용하지 않고 여행자를 위한 숙소로 제공되고 있다. 그래도 조용한 분위기라 조심스러웠다. 수도원의 입구 문은 작고 안쪽에는 교회와 루터가 생활했던 기숙사가 있다.

1505년 7월, 아이슬레벤 집에 왔던 루터가 에르푸르트로 되돌아가는 길에 무서운 폭풍우를 만난다. 슈토테르하임 들판, 그가 서 있는 바로 옆에 벼락이 떨어졌다. 루터는 순간적으로 죽음을 직면한 것일까? 자연의 섭리 앞에서 죽을 수밖에 없는 연약한 자신과 계시자 하나님, 스스로 계신 분을 직면했을까?

두려움에 사로잡혀 벌벌 떨며 땅에 엎드려 "성 안나여, 저에게 힘을 주소서. 살아난다면 저는 수도사가 되겠습니다"라는 기도를 드린다. 그리고 22세의 그는, 부친의 반대를 뿌리치고 15일 만에 아우구스티누스 수도원에 들어가 수도사의 길을 걷게 된다.

루터가 수도사의 길을 시작한 나이에 나는 신학교 졸업반이었다. 부모님은 신대원 진학을 만류했다. 나는 부모와 형제를 잃는 마음으로 4년 전에 신학대학에 입학했기에, 부모님의 만류가 내게 별 영향을 줄 수 없었다. 나는 경제적 지원을 받지 않겠다고 선언하고 신대원에 진학했다.

루터는 석사학위 논문 후 "나에게 이와 같은 역사적이며 세상적인 기쁨은 다시 없을 것"이라고 했다. 세상적인 기쁨과 부모의 기대를 뒤로하고 1505년 7월 17일 아우구스티누스 수도원의 문을 두드리고, 수도사 자질을 철저히 검증받고 본격적인 수도자의 생활을 시작한다.

수도사가 된 루터는 내면에 끊임없이 요동치는 죄성으로 괴로워한다. 고해성사를 마치고 나오다가 1분도 안 되어 다시 고해성사를 하러 뛰어 들어가기를 반복했다는 루터, 이런 루터를 향해 그의 고해성사 신부는 "제대로 된 범죄행위를 하고 와서 고해성사를 하라"고 권고했다고 한다. 그는 후에 "나는 경건한 수도사였다. 만일 수도사 생활로 천국에 간다면 내가 갔을 것이다"라고 회고했다. 일찍이 우리 믿음의 선배 바울도 내면에서 죄를 발견하고 괴로워하였다. 그의 깊은 비탄은 로마서 7장 21-24절에 잘 표현되어 있다.

여기에서 나는 법칙 하나를 발견하였습니다.
곧 나는 선을 행하려고 하는데, 그러한 나에게 악이 붙어 있다는

것입니다. 나는 속사람으로는 하나님의 법을 즐거워하나, 내 지체 속에는 다른 법이 있어서 내 마음의 법과 맞서서 싸우고, 내 지체 속에 있는 죄의 법에다 나를 사로잡는 것을 봅니다. 아, 나는 비참한 사람입니다. 누가 이 죽음의 몸에서 나를 건져 주겠습니까? (표준새번역)

나도 20대 중반을 보내며 나의 연약함과 죄성에 놀라며 고뇌의 시간을 보냈다. 나는 의도하지 않았는데 동료는 상처받는 것을 보며 고민에 싸였다. 나라는 존재가 하나님의 사람으로, 누군가의 영혼을 돌보는 자로 살아낼 수 없는 부족한 존재임을 깨달으며 고통의 시간을 보내야 했다. 시간이 지나도 변할 수 없는 존재의 연약함이 나를 힘들게 했던 날들! 고개를 들고 다니기에는 머리가 너무 무겁게 느껴지던 날들이 떠오른다.

죄에 대한 괴로움은 성령님께서 내면의 죄를 비추어 주실수록 더해간다. 루터가 자신의 내면을 들여다보면서 끊임없이 절망하고 괴로워했다는 것은, 성령님께서 철저히 죄를 씻어 정결케 하는 작업을 하고 계시는 시기였을 것이다.

루터는 "원죄로 영원히 저주 받은 죄인들에게 십계명의 율법으로 억압하는 하나님을 용서할 수 없다"고 했다. 지킬 수 없는 법을 왜 하나님은 주셨느냐고 반문하는 어느 성도의 말이 떠오른다. 하나님을 가까이할수록 끊임없이 자신의 깊은 죄성과 죄악들을 발견하게 된다.

늘 번민하며 마음에 평안을 누리지 못하고 죄로 인해 전전긍긍하던 루터, 이런 루터에게 영적으로나 학문적으로 성장할 수 있도록 길을 열어 준 사람이 수도원 원장이며 비텐베르크 대학 교수인 스타우피츠(John Staupitz)다. 그는 루터에게 충고하기를 "자네는 어리석은 사람이다. 하나님이 자네에게 분노를 품으신 것이 아니라 오히려 자네가 하나님에 대하여 분을 품고 있다"고 하며, 하나님 앞에 서는 것은 "자기 노력과 열정이 아닌 하나님의 은혜와 긍휼"에 의한 것이라고 위로했다.

1507년 4월, 그는 24세에 사제 서품을 받고 아우구스티누스 수도원에서 첫 미사 집전과 강론을 한다. 내가 전도사로 처음 부임하여 섬기던 교회에서 23세에 저녁예배 설교를 했다. 청중들이 앉아 있는데 뒤쪽의 오른쪽은 흐릿하게 보였다. 첫 설교의 설렘과 두려움이 함께 있었다. 처음으로 18세에 주일학교 교사를 했을 때는 주님의 기도를 가르치고 나서 혹시 하나님 말씀을 잘못 전했을까 두려워 혼자 얼마나 울었는지 모른다.

루터는 어떠했을까? 첫 강론에 만족했을까? 그의 강론은 다른 수도사들의 강론과 어떻게 달랐을까? 그의 강론을 들은 사람들은 하나님을 향한 사랑으로 불타올랐을까? 자신들의 죄성에 대해 괴로워하며 하나님을 두려워했을까?

맑은 공기와 시원한 바람, 알록달록 제 빛깔을 내고 있는 꽃들이 하나님의 은혜와 긍휼을 노래하는 듯하다. 건물과 어울려 따뜻함과 고요함으로 다가온다. 발걸음을 멈추고 아름다움에 취해 우리 일행은 여기저기서 포즈를 취하며 사진 찍기에 바쁘다.

독일의 도시들은 광장과 시청사, 성당과 교회가 함께 어우러져 있다. 에르푸르트도 예외가 아니다. 그런데 에르푸르트의 특별한 점은 크래머 다리와 그 위의 건물들이다. 시청과 광장에서 시작된 다리, 이 다리 위에는 4층 정도의 건물들이 붙어서 양쪽으로 줄을 이루고 있다. 얼른 보면 땅바닥인데 사실은 다리 위이다. 우리는 공원에 앉아 휴식을 취하며 건물 뒤로 흐르는 냇물과 방금 나온 수도원의 문과 수도원 첨탑을 바라본다.

맑고 파란 하늘 아래의 첨탑과 나뭇가지들, 그 아래 아기자기한 공간, 나무와 꽃과 벤치, 흐르는 물과 물 위의 여러 새들, 마냥 앉아서 쉬고 싶다. 우리는 이곳에서 한참을 앉아 쉬며 이야기를 나누고 있다. 신발을 벗고 시원한 물에 발을 담그는 이들의 얼굴에 평안함이 깃든다.

우리 일행은 아직 서로 서먹한 이들이 많다. 나 역시 많은 사람들과 서먹하다. 아마 여행이 끝나는 기간까지 서먹한 모습은 지속되겠지 싶다. 좁고 울퉁불퉁한 마음에 새로운 뭔가가 담긴다는 것은 어려운 일이다. 서로 부딪히며 아파하고 닳아 없어지며 부드러워지고 넓어져서 무엇이든 담을 수 있는 존재로 변화되어 가도록 하는 것이 하나님의 측량하기 어려운 지혜다.

천지를 만드신 분이 마치 흙이 될 인간의 처분을 바라시듯, 우리 마음에 '들음'이란 과정을 통해 생명의 씨앗을 맡기셨다. 그리고 매일 성령님을 통해 말씀으로 깨우시며 자라게 하느라 열심이시다. 이런 열심이 우리의 구원자 예수 그리스도를 구유에 누이게 했고 사형수 사이의 십자가에 달리게 했다. 우리의 기대와 너무도 다르게 일하시는 하나님의 방법이 때론 우리를 몹시 당혹스럽고 괴롭고 불편하게 만들기도 한다.

광장은 생기가 넘친다. 독일 사람으로 보이는 한 사람이 우리 일행에게 "남한은 모바일 휴대폰으로 최고, 북한은 말썽꾸러기"라고 했다고 한다. 북이 말썽꾸러기로 인식되어야 하는 민족의 현실이 마음을 답답하게 한다.

한국시간으로 8일 오후 6시 11분, 독일시간으로는 9일 1시 11분에 "기대 반 걱정 반"이라며 종교부지가 당첨되었다는 소식이 왔다. 나를 대신해 응모하신 분에게서였다. 그 일을 몇 안 되는 성도들과 함께 감당할 나를 아끼는 마음이 전해진다. 하나님이 "내가 너를 얼마나 사랑하는지 아니? 아무 염려하지 마라!"고 하셨다고 문자를 보냈다. 나 역시 기쁘고 감사한 마음보다 사실은 부담감이 더 크다. 어떻게 감당할 수 있을지 막막하기 그지없다. 내가 들은 음성이 하나님의 음성일까, 내 마음의 소리일까? 이런 생각도 해본다.

하나님이 시작하신 일이라면 완성도 하실 것이다. 하나님이 나의 아버지이시니, 예레미야 29장 11절에서 우리를 향한 하나님의 생각은 재앙이 아니라 평안이요 미래에 소망을 주는 것이라고 하셨으니, 말씀하신 바를 이루시는 하나님이 소망이 가득한 미래로 이끌어 가실 것이라고 기대한다.

To, 독일, 루터의 도시

Travel

8.
독일, 루터의 도시

루터의 도시 아이슬레벤

환하니 밝고 따스하게 느껴지는 아침이다. 엊저녁 해 질 녘 거무죽죽한 구름으로 어둑하던 하늘과는 완전히 다른 새로운 날이다. 파란 하늘과 하얀 구름이 대조를 이루며 서로를 더 파랗고 하얗게 돋보이게 한다. 그래서일까? 하늘도 더 높게만 느껴진다.

루터가 출생하고 임종한 도시 아이슬레벤을 향해 한 시간 이상 버스로 이동하는 것으로 일정이 시작된다.

하나님 보시기에 충분한 존재가 되기 위한 루터의 몸부림과 깊은 절망, 하나님을 향한 목마른 사슴과 같은 갈망이 결국 종교개혁을 가져온 것일까? 루터가 품은 비전이 종교개혁은 아니었겠지만, 루터는 인간과 창조주의 관계에 열정을 가진 인물이었다. 그는 하나님의 사람으로서 마땅히 말씀

대로 살아야 하기에, 오직 말씀이 땅을 다스리도록 열의를 가진 것이었으리라. 이런 그의 삶은 독일이란 나라를 뿌리부터 변혁시키는 하나의 큰 동력이 되었다.

하나님 되심의 본질과 만날수록 인류에게는 진정한 소망과 공생의 길이 열릴 수 있다. 루터의 삶이 이를 증명하고 있다. 이것을 볼 수 있는 것이 후세대인 우리의 큰 기쁨이고 복이다. 한국교회도 루터처럼 하나님을 만나고 하나님 말씀에 사로잡혀 긍휼과 사랑이 넘실거리는 사회, 정직과 공의가 든든한 기반이 되는 나라로 변화될 수 있기를 기도한다.

마르틴 루터는 아이슬레벤에서 7남매 중 장남으로 1483년 11월 10일 태어나 성 안나 교회에서 성 마르틴(St. Martin)일인 11월 11일에 영세를 받아 '마르틴'이라는 이름을 갖게 된다. 독일 중부 작센안할트 주 중서부의 도시인 아이슬레벤은 14세기부터 구리광 채굴의 중심지였다. 루터의 부친은 농부였으나 이곳으로 이주하여 구리광산에서 일하며 아들에 대한 꿈을 키웠을 것이다.

루터 생가의 외관은 바로크 양식이다. 안으로 들어가니 재건된 시설인 듯한 입구에 여러 명의 아이들이 서로 볼링 핀을 세워 두고 볼을 던지고 있다. 대여섯 살 이상 차이 나 보이는 아이들이 줄을 서고 차례를 기다리며 어울려 즐겁게 놀이 중이다. 이 학원 저 학원으로 떠밀려 다니며 공부에 갇혀 지내는 우리나라

아이들의 축 처진 어깨가 생각난다. 도대체 우리는 아이들을 어디로 몰아붙이고 있는 걸까? 루터도 어려서 이렇게 동네 아이들이랑 모여서 놀았을까? 그의 부친은 엄격했다고 하니 어쩌면 노는 것이 쉽지 않았을 수도 있다. 중세의 부엌, 물통, 책과 목판화로 된 성경책, 어린이 요람, 가재도구 등이 전시되어 있다. 이곳은 1693년 독일에서 첫 번째 기념박물관으로 대중에게 개방된 곳이다.

우리는 루터의 생가인 박물관을 나와서 십여 분쯤 걸어 광장으로 나왔다. 이곳에 있는 동상은 로마 교황으로부터 받은 파면장을 찢는 모습이다. 다른 지역에서 본, 진리를 상징하는 성경을 들고 있는 동상과는 전혀 다르다. 강력한 저항감이 느껴지는 루터의 동상 앞에 섰다.

나는 예수께서 오셔서 보여주신 하나님 나라의 십자가 복음의 본질에 대하여 얼마나 열정이 있는 걸까? 왜곡된 하나님에 대하여 가슴 찢기는 고통으로, 관례가 되어 버린 종교의식과 형식들로부터 한 영혼 한 영혼을 구출하려는 인격적인 하나님의 아픔과 수고에 적극적으로 동참하고 있는 걸까? 아니면 위압적인 교권주의의 파편으로 머뭇거리는 걸까?

동상 뒤편에는 웅장한 성 안드레 교회가 있다. 이 교회는 루터가 마지막으로 설교한 곳이다. 교회 안으로 들어가니 아름다운 선율의 파이프 오르간이 연주되고

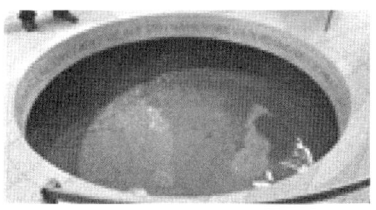

있다. 예배실 앞쪽 바닥의 세례반에는 맑은 물이 있다. 웅장한 성전 속에서 숙연한 마음이 절로 생긴다. 주님 오시는 그날까지 이곳에서 성령님의 풍성한 임재와 복음의 향기가 누군가의 숨결과 함께 흘러나가길 기도한다.

루터는 1546년 만스펠트의 백작들 간에 법적 문제를 중재하기 위해 아이슬레벤을 방문하였다가 성 안드레 교회(St. Andreas Kirche)에서 생애 마지막 설교를 한다. 그의 마지막 설교는 마태복음 11장 28절의 "수고하고 무거운 짐 진 자들아 다 내게로 오라"였다. 평생을 교황청과 대결구도 속에, 무지한 개신교 성직자들과 성도들의 방종으로 무거운 짐을 지고 있던 루터의 마지막 설교는 그의 삶을 메시지로 쓰신 하나님의 섭리일까?

나의 삶을 통해 흘러나아갈 하나님의 메시지는 무엇일까?

1546년 2월에 생을 마감한 루터는, 18일 그가 죽기 사흘 전 2명의 성직자를 서임하고 약해진 육체로 인해 마지막 설교를 끝내지 못하고 며칠 후 생을 마감한다. 마지막 설교를 한 성 안드레 교회와 지근거리에 있는 루터가 임종한 집도 생가와 마찬가지로 박물관으로 사용되고 있다. 이곳에는 루터의 생애를 조명하는 조형물, 데스마스크와 손을 뜬 석고상, 험한 개혁의 길을 마감한 목재로 된 침상이 보존되어 있다. 침실 옆방에는 루터의 초상화와 관이 전시되어 있다.

살아 있다는 것과 죽었다는 것의 차이가 과연 무엇일까? 레위기 17장 11절은 육체의 생명이 피에 있다고 한다. 요한계시록 3장 1절은 사데 교회를 향해 살았다는 이름은 있으나 실상은 죽었다고 한다. 요한복음 17장 3절은 영생은 유일하신 참 하나님과 그가 보내신 자

예수 그리스도를 아는 것이라고 한다.

뜨거운 피가 내 몸에 있어도 유일하신 참 하나님과 그 하나님이 어떤 분인지를 보여주신 예수 그리스도를 성령님의 비추심 속에서 알지 못하면, 살았으나 죽은 자와 같은 존재가 아닐까? 생명이 있다는 것은 아름다운 절대가치가 있다는 것이다. 아름다운 절대가치는 죄인 된 자를 먼저 찾아오는 사랑의 책임을 '즐거운 특권'으로 기꺼이 수행하신 '예수 그리스도 안'에만 있는 것이다. 그래서 예수님은 나의 안에 거하라고 당부하신다. 주님과 묶여 있지 못하면 우리는 살아 있어도 아름다운 존재의 가치를 소유하지도, 드러낼 수도 없기 때문이다.

인간은 자유를 가지고 상대방의 자유를 억압하는 부정적인 영향력을 행사하는 데 빠른 존재다. 책임 있는 자유, 배려하고 존중하는 자유, 다른 생명을 절대가치로 소중히 여기는 자유의 행사는 오직 십자가의 사랑을 아는 삶에서만 싹트고 자랄 수 있는 아름다움이다.

루터의 가계도가 벽면에 보인다. 루터의 원래 성은 'Luder'였다. 'Luder'는 동물들을 사냥하기 위해 유인하는 사냥꾼이란 뜻을 가진 고대 독일어이다. 루터 시대는 표준 독일어가 성해지지 않은 시대여서 여러 가지로 표기했었다고 한다. 혹자는 루터는 헬라어에서 자유인이라는 뜻의 단어에서 중간 것만 취하여 'Luther'로 표기했다고 주장한다. 성경 속에서 십자가 복음을 발견하고 자유케 된 루터가 이를 상징하고 강조하기 위

8. 독일, 루터의 도시

해 부정적 이미지의 '루더'가 아닌 '루터'로 성을 바꾸었다는 것이다.

자유를 누리는 삶은 누구나 갈망하는 삶이다. 그러나 오늘이라는 순간을 적극적으로 사랑하는 자유를 누리는 책임에 뛰어드는 이는 아주 드물다. 우리는 자유를 상대를 유익하게 하고 살리기 위한 특권으로 사용하기보다는 자신의 편리를 위해서 사용한다. 십자가 복음이 주는 자유는 누구도 빼앗을 수 없는 참된 자유다. 누군가를 위해 자신의 희생을 적극적으로 감수하는 자유, 루터는 매일 하나님이 주신 자유로 생명을 향한 책임을 다하는 적극적인 자유를 누리며 살았다. 그의 생애도 비판 받을 만한 많은 요소들이 있었을 것이다. 지지를 얻지 못하고 비방을 받아도 십자가 복음이 주는 자유 안에서 사랑을 향한 몸부림을 버리지 않는 삶, 그로서는 최선을 다한, 오직 주님을 추구하는 삶이었을 것이다.

적극적으로 책임을 다하는 자유를 누리는 루터를 하나님은 책임지시고 개혁자로 높이셨다.

누구도 피할 수 없는 죽음, 그 죽음을 잘 준비하는 삶이란, 존재하는 동안 십자가 복음에서 흘러나오는 사랑과 자유로 시대와 사회 앞에 자기 몫의 책임을 할 수 있는 한, 기꺼이 지는 매일을 살아가는 것이다.

루터가 임종한 집을 나온 우리들은 광장에 다시 모였다. 수고하고 무거운 짐 진 우리들의 삶, 주님의 멍에를 지고 주님께 배우는 날들로 인생을 채워갈 수 있는 지혜를 마음을 모아 소망한다.

루터의 도시 비텐베르크

루터의 시신이 안치된 북쪽 비텐베르크로 향하고 있다. 북쪽이어서인지 넓은 밭과 더불어 산과 숲, 그 사이사이로 흐르는 엘베 강이 언뜻언뜻 보인다.

비텐베르크에 대학을 설립할 당시, 350여 채의 주택과 3,000여 명의 주민이 살고 있던 비텐베르크는 무절제하고 게으른 곳이었다고 한다. 에르푸르트 인구의 10% 조금 넘는 곳에 대학을 세운다고 하면 지나가는 개도 웃을 일이라는 것이다.

그러나 작센의 선제후 프리드리히는 1502년에 비텐베르크 대학을 설립한다. 반경 1킬로미터도 되지 않는 작은 도시, 공식 명칭은 루터의 도시 비텐베르크이다. 비텐베르크에 온 우리는 먼저 참나무 아래로 발길을 재촉한다. 동네 어귀에 우물이 있고 참나무 한 그루가 우뚝하니 자리하고 있다. 루터가 우물가 참나무 아래에서 파문칙서를 태웠다는 고증을 바탕으로 훗날 'The Luther Oak'라 명명된 나무다. 말 없는 나무가 보낸 세월 속에 묻혀 있는 역사를 우리는 얼마나 알고 있을까?

루터의 도시라는 이름에 걸맞게 루터의 발자취가 곳곳에 묻어 있을 거라는 기대를 갖는다. 1517년 시작된 종교개혁의 발상지인 비텐베르크의 광장은 마르틴 루터와 필립 멜란히톤의 기념비가 지키고 있다. 1508년에 이 학교로 온 루터는 1512년 10월 신학박사 학위를 받고

8. 독일, 루터의 도시

정식으로 교수가 된다. 이때부터 성경과 신학을 연구하며 인간과 신의 관계를 탐구하지 않았을까? 그 결과 이곳은 루터가 종교개혁을 준비하는 산실과 밀실이 되었을 것이다.

루터가 비텐베르크와 인연을 갖게 된 것은, 수도원 원장이자 비텐베르크 대학 교수였던 스타우피츠(John Staupitz)로 인해서였다. 스타우피츠의 추천으로 루터는 1508년 철학 강사를 하게 된다. 철학을 가르치며 어쩌면 그는 맘껏 고민하고 답을 찾는 여정을 보냈을 것이다. 끊임없는 고민과 갈등들이 질문으로 이어지고, 성경 속에서 답을 찾는 루터를 만들어 내지 않았을까? 이것이 결국은 당시 교권주의에 저항할 수 있는 힘을 비축하는 근간이 되었을 것 같다. 칭의론에 눈을 뜨는 역사적인 날을 맞게 된 것도, "오직 의인은 믿음으로 말미암아 살리라"는 로마서 1장 17절이 레마의 말씀으로 그의 영혼을 강타했기 때문이다.

생각하지 않고 질문하지 않는 교인에게 하나님과의 참된 만남의 기회가 주어질까? 기회가 주어진다 한들 하나님과의 깊은 만남으로 나아갈 수 있을까? 생각할 수 있는 존재, 질문할 수 있는 존재에게

참된 신앙의 길을 가는 은혜가 특권으로 주어진다. 찾는 자가 찾게 되는 원리는 불변의 원칙이다.

우리는 루터의 집으로 갔다. 수도원이었으나 루터가 머무는 거처가 된 루터 홀은 파문당한 루터가 아내와 생활했던 곳이다. 루터 홀의 뜰에는 루터의 아내 카타리나 폰 보라의 동상이 앞을 향해 진취적으로 걷는 모

습을 하고 있다. 루터가 절망하고 있을 때 '하나님이 죽었다고 상복을 입었다는 그녀'의 적극적이고 당당한 삶을 담아낸 동상이다. 하나님이 죽지 않는 한 우리에게는 늘 소망이 있기에 낙심할 이유가 전혀 없음을 다시 마음속에 담아 본다.

　1521년 보름스 제국의회에서 파문된 루터는 프리드리히의 비호 속에 바르트부르크 성에서 숨어 지내며 성경을 번역한 후, 1522년에 비텐베르크로 돌아와 복음주의적 자유 원칙에 따라 해체된 수도원 건물에서 계속 거주한다. 그리고 1525년 전직 수녀였던 카타리나와 결혼한다. 루터는 이 수도원에서 자녀와 조카들, 입양아까지 30명이 넘는 식솔과 함께 살았다. 그의 결혼생활은 어떠했을까? 그는 참된 연합은 행복한 결혼이라고 했으니, 결혼을 통해 온전한 하나를 이루는 영혼의 만족이 있었으리라 예상해 본다. 한 남자와 한 여자가 만나 십자가와 부활의 예수님으로 묶여서 부부가 된다는 것은, 하나님께서 주신 사랑을 배우는 데 더없이 좋은 최상의 배움터이다. 우리는 누구나 이기적이라 상대를 사랑하기 어려운 존재이다. 주님의 십자가 사랑에 묶이지 않는다면 자신도 이웃도, 심지어 배우자나 자녀도 사랑할 수 없는 자들이다. 희로애락의 모든 순간들이 십자가에 묶이면서 참된 연합으로 하나가 되는 행복을 맛볼 수 있다. 이 시대의 가정마다 주님의 십자가 사랑에 묶인 참된 연합으로 행복한 결혼이 지속되기를 기도한다.

　수도원은 루터의 집일 뿐만 아니라 대학생들과 담화를 나누고 유럽 전역에서 온 개혁자들의 센터 역할을 한다. 목재로 된 이 집은 1631년에 화재로 소실되었다가 복원되었다. 집안에는 두툼한 목재로 만들어져 단단한 자물쇠로 잠글 수 있는 커다란 함이 있다. 함의 위쪽에 동전을 넣는 구멍이 있다. 공동금고다. 로마 가톨릭의 면죄를 위한 헌금함과 같은 크기일 게다. 당시 수도사들은 금화가 면죄부 함에 떨어지는 소리와 함께 천국에 가지 못한 죽은 자의 영혼이 연옥에서 벗어나 천국으로 이동된다는 강론을 했다. 수도사 테첼은 금화가 떨어지면서 '땡그랑' 하는 순간 연옥의 영혼이 천국으로 간다고 순회설교를 하고 다녔다고 한다. 이에 힘입어 면죄부 판매도 성황을 이루었다.

　예수님은 부자가 천국에 가는 것이 얼마나 어려운지 낙타가 바늘귀로 들어가는 것보다 어렵다고 하셨는데, 중세시대는 부자가 천국 가는 것이 참 쉬운 시대였다.

　라틴어와 그리스어로만 성경이 번역되어 있던 당시는 성경을 쉽게 소유할 수 없는 시대였고 문맹자도 많았다. 두꺼운 종이에 필사한 성경은 그 값도 농장 하나와 맞먹을 정도였으니, 권력을 가진 자들은 시대의 무지함을 이용하여 포장된 폭력을 행사하고, 거짓된 지식을 진리인 양 위장하여 이득을 취하는 삶을 살았다. 아는 것이 힘이라는 말이 새삼 마음에 와 닿는다. 무지함으로 농락당한 당시 사람들에 대한 미안한 마음이 아련하게 가슴을 스친다.

　마음만 먹으면 쉽게 성경을 소유할 수 있는 시대를 살아가는 우리는 얼마나 복된 존재인가? 우리는 내가 들고 있는 성경의 소중함을 너무 쉽게 간과하며 살고 있다. 교회 가는 날이 되어서야 1주일간 묻혀 있던 성경을 끄집어 드는 것은 아닐까? 성경 속의 하나님의 마음과 뜻에 대해서 외면하고 하나님을 멀리하고 있는 우리의 존재됨의 가벼움이 너무도 만연한 현실이다. 또한, 성경을 탐구하고 깊이 생각하기보다는 자기의 생각과 현실, 권위와 자리 유지를 위해 성경 말씀을 멋대로 편집하여 이용하고 있는 우리의 모습은 중세시대의 종교적인 폭력과 무엇이 다를까.

　오늘날은 성경책이 없는 가정이 거의 없고, 교회를 다니는 가정에는 몇 권의 성경책이 있다. 그래도 성경책은 읽히지 않고 있으니 성경 말씀에 대해 무지하기는 마찬가지다. 설교 동영상을 열어 보면 성경을 자기주장의 근거로 삼는 설교들이 참으로 흔하다. 이에 힘입어 예배드려 주고 헌금해 주고 봉사까지 하면 그냥 만사형통이 대기하고 있기를 기대하는 사람들도 얼마나 많은지, 그러다가 교회 출석을 안 하고 헌금생활도 빼버리고 봉사까지 안 해도 아무 일도 일어나지 않으니, 겁먹고 신앙생활 할 필요가 없다고 생각하는 이들도 많은 것 같다. 우리는 주님을 부르나 주님을 주인으로 대접하기보다는 벌 받지 않고 살려는 마음과 더 많은 복을 배달해 주는 종으로 여기는 마음이 더 큰 것 같다. 하나님 말씀의 의도를 제대로 전달하려고 부단히 애쓰는 자들은 이런 세속화된 이들로부터 외면과 공격을 받기 일쑤다.

　대사부의 발행은 10세기 이전에 시작되었다. 이 대사부는 죄를 면죄 받는 면죄부로 곡해되는 사례가 많았다. 결국 대사부가 면죄부로 전락하게 된다. 교황 레오 10세는 자신의 이름을 알리기 위해 성 베드로 성당을 건축하려 한다. 이에 막대한 자금이 필요했다. 그래서 성직을 매매하고 면죄부 판매를 본격적으로 시행한다.

　무지할 수밖에 없는 무지한 자들에게 면죄부는 모든 종류의 죄를 없애 주며, 죽의 자의 죄까지도 없애 준다고 광고하고 다녔던 테첼 수도사는 어쩌면 인기 있는 부흥강사였을 것이다. 당시의 죄는 십자가 대속으로 없어지는 것이 아니라 돈을 내고 면죄부를 사면 없어지는 것이었다. 이 시대에 우리가 듣기에는 얼토당토않는 논리지만 교황의 말이 하나님 말씀보다 우위에 있다고 여기던 당시 사람들에게는 아주 설득력 있는 은총의 메시지였을 것이다.

오늘날 교인들은 사회에서 부정직하게 돈을 벌어도 많이 헌금하고 봉사하는 것으로 부정직한 삶을 상쇄시키려는 마음을 가지고 있다. 종교적 행위로 스스로에게 면죄를 주는 당시 면죄부와 이치적으로는 같은 것이다.

나는 당시 헌금함과 닮았을 공동금고 앞에 섰다. 당시 개신교에서의 헌금과 기부는 이 세상 속에 사는 연약한 이웃들과 자라나는 아이들의 교육을 위한 것이었다. 죽어서 천국 가려는 가톨릭의 헌금 목적과는 완전히 다른 것이었다.

지금도 독일에서 '디아코니아'라는 간판을 볼 수 있다. 디아코니아는 개신교에서 탄생한 섬김의 모델이다. 개신교의 헌금은 구원을 받기 위한 조건이 아니다. 예수님의 십자가 사랑으로 구원받은 자들이, 하나님 나라의 십자가 복음이 확장되도록 하고, 예수님께서 살아가신 삶을 따라 연약한 이웃의 짐을 나누어 지면서 공공의 유익으로 삼기 위한 것이다. 또한 다음 세대를 하나님의 사람답게 잘 키우기 위한 것이다. 그래서인지 이곳에 있는 금고의 열쇠는 세 개다. 두 개는 교회의 목사 대표와 성도 대표가, 나머지 하나는 시민 대표가 갖고 있었다고 한다. 투명하게 재정이 운영되었음을 상징하는 열쇠들이다. 오늘날 우리 한국의 개신교가 새롭게 본받아야 할 재정관리 원칙이라는 생각이 든다.

하나님을 향한 사랑과 예수님의 십자가 사랑에 대한 감사를 잊은 교회, 천국행 티켓을 파는 점포로 변질된 교회, 천국으로 포장된 교회 속에 감추어져 있던 인간의 끝없는 탐욕의 이글거림이 곧 지옥의 이글거림에서 기원한 것은 아닐까? 오늘 우리는, 여전히 그 오랜 세월 진노를 미루시며 한 영혼이라도 더 얻으려고 기다리시며 부으시는 하나님의 애타는 사랑을 방종의 기회로, 세속적인 자기들만의 안락을 위해 더 큰 창고를 지으며 수고하는 데 힘을 다 쏟고 있는 것은 아닐까?

아들까지 주신 하나님이 나에게 더 많은 필요를 주실 것이라 믿으며, 더 많은 물리적인 풍요를 공급하는 도구로 하나님을 전락시키는 범죄를 서슴없이 자행하고 있는 나의 모습은 없을까? 하나님을 사랑한다는 착각의 늪에 빠져 하나님을 택배기사 취급하며 잘하는 신앙생활이라고 스스로 위로하고 있는 것은 아닐까?

공동금고 앞에서 무거운 마음으로 발걸음을 옮긴다.

루터는 이곳에서 10여 년간 이신칭의에 기초한 로마서, 갈라디아서, 히브리서, 시편 등을 정리하며 종교개혁의 원천을 만나고 준비할 수 있었다. 그를 보호한 영주는 개혁가 루터의 강력한 후원자요 지지자로 큰 역할을 감당했다. 그는 정치적으로 신성로마제국으로부터 독립하려는 의도를 가지고 있었지만, 당시에 수도원으로 사용되던 곳을 루터가 기거하도록 내주었다. 지극히 작은 사람에게 한 것이 곧 내게 한 것이라 말씀하신 주님께서 "잘했다 충성된 종아"라고 하시며 후원자를 맞으셨을지도 모르겠다.

　1547년 교황의 추종자였던 칼 5세가 예배드리던 틈을 타서 급습을 할 때, 작센 주의 선제후는 군사들과 함께 포로가 된다. 이로 인해 제후는 군사들과 황제 선출권을 잃게 되고 상당한 영토도 빼앗기게 된다. 내 이름을 위하여 전토를 버린 자마다 여러 배를 받고 또 영생을 상속받으리라는 마태복음 19장 29절 말씀이 생각난다.

　거리는 악기 연주 소리와 말발굽 소리로 시끌벅적하다. 중세시대 차림의 기사들, 농부들, 관리들, 상인들, 수녀와 사제 복장을 한 사람들이 여기저기 자리를 차지하고 있다. '무슨 일일까?' 오늘이 루터의 결혼전야로 축제날이다. 수많은 시민들이 몰려나와서 기념공연과 다양한 행사가 진행 중이다. 그 당시의 인물로 가장한 시민들이 입장을 하고 팡파르가 울린다. 잔치가 벌어지는 장면을 연출하고 있다.

　우리는 가까이에 있는 멜란히톤의 집으로 걸어갔다. 멜란히톤은 루터의 장례식에서 추도사를 담당한 자로, 루터와는 막역한 사이였다. 그의 집은 지붕이 예쁘게 장식되어 있다. 2층 이마에는 멜란히톤의 집임을 알려 주는 검은색 바탕에 금장을 한 명패가 있다. 1536년 영주가 건축하여 선물한 집으로 르네상스 양식의 3층 건물이다.

　필립 멜란히톤은 12세에 하이델베르크 대학에, 17세에 튀빙겐 대학에 들어갔다. 그의 나이 21세인 1518년에는 비텐베르크 대학 헬라어 교수로 부임한다. 여기서 루터와 비판과 토론을 통해 신학을 체계적으로 정리하는 데 좋은 동역자가 된다. 1521년에《신학총론》을 펴내 개신교 조직신학의 기초를 확립하는 데 기여하고, 철학과 신학을 가르치며 1530년에는 개신교 최초의 신앙고백서이며 루터교 기본

신조인 '아우구스부르크 신앙고백서'가 수정을 거쳐 출간된다.

멜란히톤은 구약성경을 독일어로 번역한 인물이다. 어려서부터 언어에 뛰어난 재능을 보여, 스승인 요하네스 로이히린이 슈바르체르트라는 그의 성을 아예 그리스어로 바꾸어 멜란히톤이 되었다고 한다. 그는 성직자를 위한 교육제도와 일반 교육의 학제 개혁에 영향을 주었고, 김나지움 설립에 이바지한다. 탁월한 학문적 소양을 가진 이 사람은 독일의 스승이라 불린다.

선물로 받은 집의 2층 큰 방에서 종교개혁에 관한 연구를 하였고, 임종도 이 방에서 맞았다. 르네상스 양식의 타일 스토브가 벽 한쪽 모퉁이에 있고, 멜란히톤과 가족의 모습이 입간판으로 전시되어 있다. 그는 루터의 중매로 결혼하여 4명의 자녀를 두었다. 서재에는 목재 테이블과 의자들, 저서들과 어록, 평생 모은 책과 자료들이 전시되어 있다. 1526년에 그려진 그의 초상화도 있다. 30세의 나이에 비텐베르크 대학 총장이 된 그는 이 집에서 1560년 4월 19일 운명한다.

시청 앞 광장 뒷골목에는 성마리아 시교회(Stadtkirche Sankt Marien)가 있다. 루터가 1525년 결혼하고, 그의 자녀 6명이 세례 받은 곳이다. 이곳은 귀족들이 출입하지 않는 시민교회로, 루터는 1514년 이후 정기적으로 자유롭게 많은 설교를 하며 진리 선포를 하였다. 또한 로마 가톨릭에서는 허용하지 않는 빵과 더불어 포도주까지 나누는 이종배찬을 실시했다. 자유롭게 독일어로 진리를 선포할 수 있었던 이곳은 부패한 종교를

개혁할 수 있는 씨가 배양되고 뿌리를 내릴 수 있게 한 곳이다.

여기에서 루터의 동역자였던 부겐하겐이 비텐베르크 최초의 개신교 목사로서 목회를 하였다. 가톨릭은 주교가 되는 것도 성직 매매로 가능했다. 이런 주교의 안수를 통해 사도적 계승권이 사제에게 전이되던 그 시대에 부겐하겐은 교회와 대학, 시의회를 대표하는 청빙위원회를 통해 개신교 최초의 청빙목사가 된다.

루터는 당시 라틴어 미사를 독일어로 대체하는 데 전념한다. 이곳에서 1525년 10월에 첫 독일어 예배가 드려지고, 1535년에 최초로 개신교 성직 수여식이 거행된다. 후기 고딕 양식의 삼랑식 건축물인 이 교회는 13세기에 건립된 아주 오래된 건물이다. 빌헬름 시대 스타일인 88미터의 높은 왕관 모양 돔의 첨탑이 두드러져 보인다. 8각형의 작은 탑은 종교개혁 이후 건립되었다. 외벽에는 1305년에 설치된 유대인의 암퇘지 부조가 있다. 돼지를 부정하게 여겨 먹지 않는 유대인을 폄하하는 의도의 작품이다. 독일에서 '유대인의 암퇘지'는 금기어다.

유대인을 폄하하는 이 부조는 철거될 위기를 맞았으나, 부끄러운 역사의 한 자락으로 기억하며 이를 거울삼으려고 철거하지 않았다고 한다.

이 부조가 있는 외벽 아래 길거리 바닥에는 검은 대리석과 청동으로 주조된 표지가 있다. 표지에는 "하나님의 본래의 이름, 능욕을 받은 쉠 함포라스, 유대인들

이 그리스도인들 전에 이미 거룩하다고 간주한 이름, 십자가 나무 아래서 육백만의 유대인들 가운데 죽었다"는 내용의 글이 새겨져 있다. '쉠 함포라스'는 유대인들이 거룩하신 하나님 이름을 감히 입에 담을 수 없어서 대신 사용한 용어이다.

루터는 1543년에 《쉠 함포라스》라는 제목의 책을 쓴다. 이 책은 유대인들을 비하하여 쓴 책의 이름이다. 하나님의 이름도 부를 수 없게 거룩히 구별하는 유대인들이 십자가 처형에 앞장선 것을 비꼬며, 예수 그리스도를 죽인 유대인을 비하한 것이다. 나치가 유대인을 학살할 때, 루터를 근거로 삼는 데 일조한 글이다. 또한 《쉠 함포라스》는 루터교회가 히틀러를 지지하는 데 근거가 된 책이다.

루터교회의 부끄럽고 아픈 역사다. 이 글은 루터의 예수 그리스도에 대한 열정과 숭배의 마음, 예수 그리스도를 십자가에 단 유대인에 대한 안타까움에서 나온 글일 것이다. 위대한 루터 선배가 좀 더 인간 존재의 나약함과 모순됨에 대해 넉넉한 마음을 가졌다면, 십자가에 달려서까지 용서를 선포하신 예수님의 마음에 좀 더 깊이 접근했다면 이런 글이 나오지 않았을 것이란 생각을 감히 해본다.

유대인도, 루터도, 그리고 후세대인 우리 모두도 다들 모순 속에서 자신이 가진 모순을 발견하지 못하는 존재들이다. 그래서 우리는 매 순간 낮은 마음으로 하나님의 크심을 높이며, 그분의 일하심을 찬양하며 판단을 보류하는 것이 필요하다. 판단은 언제나 우리 주님의 몫이다.

교회 내부는 단순하고 소박하다. 네오고딕 양식의 제단, 크라나흐 부자가 그린 종교개혁 제단화와 15세기 조각가 헤르만 피셔가 만든 8각 모양의 세례반이 있다. 제단에는 8점의 그림이 있는데, 원탁에 둘러앉은 최후의 만찬 그림에 루터와 당시 주민들이 있다는 것이 그림의 흥미를 더한다. 특이한 것은 유다를 상징하는 인물은 언제든 주님 곁을 떠날 태세로 다리 한쪽을 밖으로 뻗은 채로 앉아 있다. 두 주인을 섬길 수 없다는 예수님의 말씀은 양다리를 걸친 유다를 향한 말씀이었을까? 유다는 재물과 예수님, 아니면 예수님과 민족의 독립이라는 두 주인 사이에서 늘 저울질하며 고뇌 속에 살아갔을지 모른다.

검은 망토를 입은 루터는 원탁 밖에 서 있는 인물에게 잔을 주고 있다. 이종배찬을 주장하고 실행한 루터신학을 보여준다. 그림 아래에는 예수님의 십자가 그림이 있고, 후면에는 '모세의 구리뱀'과 '아브라함의 이삭 번제'가 있다. 제단화에는 루터, 아내 카타리나 폰 보라와 딸, 필립 멜란히톤과 요한네스 부겐하겐, 크라나흐와 그의 아버지가 등장해 있다. 당시 궁정화가였던 크라나흐 부자는 루터의 삶의 많은 부분들을 그림으로 남겨 놓았다. 글을 아는 사람이 드물던 시대 루카스 크라나흐의 그림은 루터의 신학을 대중화하는 귀중한 역할을 했다.

사망한 지 이틀 후 비텐베르크로 운구되어 온 루터의 유해는 2월 22일 여기에 안치된다. 제단 근처에 루터와 그의 동지 멜란히톤이 안장되어 있고 비석이 있다. 예배 때마다 위대한 개혁자 두 분의 묘를 보며 독일인들은 무슨 생각을 할까? 늘 보던 무덤이라 아무 감각이 없을까?

1522년 루터는 "우리가 가톨릭 교회를 비판하고 개혁을 주장했던 이유 중 하나는 교회가 성도들에게 모든 것을 강요했기 때문입니다. 가톨릭 교회는 금식을 강요했고, 성만찬 때 떡만 받으라고 강요했고,

고해성사를 강요했습니다. 그런데 지금 이 도시 시민들은 개혁의 이름으로 또다시 모든 것을 강요당하고 있습니다. 과거와 다른 점은 그동안 교회가 강요했던 것과는 정반대의 모든 것을 강요하는 것입니다. 사랑은 결코 강요하지 않습니다. 그리고 사랑 없는 믿음은 믿음이 아닙니다"라고 강변했다.

강요된 신앙은 참신앙의 최대 방해꾼이다. 전에 만난 한 분이 "정말 열심히 교회에서 시키는 대로 다 했는데, 지금 사는 꼴이 이 꼴이다"라고 했던 말이 생각난다. 우리는 예수 그리스도와 한 몸을 이루어 그분을 닮아가는 존재로의 변화가 아닌, 구원받은 자로서 뭔가를 감당하고 헌신하며 성취할 것, 열정적인 신앙생활을 할 것을 강요하고 있지 않은가? 하나님을 찾고 가까이하도록 안내하고 격려하며 기다리는 목자, 디딤돌과 모퉁이돌이 되어 서로 격려하며 세워주고, 책임 있는 삶을 사는 자유를 누리도록 성장하기를 견디며 참아내는 하나님의 마음을 가진 목자가 필요한 때다.

다시 대학교회로 사용된 성 부속교회로 향했다. 하늘을 찌를 듯 높이 솟은 첨탑이 대단한 교회라는 생각을 들게 했다. 이 건물은 작센 주의 선제후 프리드리히 3세의 명령으로 1490년부터 20여 년에 걸쳐 건립된 후기 고딕양식 건물이다. 비텐베르크 대학의 예배당으로 학위수여 장소로도 사용되었다고 한다. 1760년 7년 전쟁으로 많

은 부분이 소실되었다가 여러 차례에 걸친 수리로 복원되었다.

   1517년 10월 31일, 면죄부 판매에 항의하는 95개 조항의 의견서를 게시한 '테제의 문'이 보인다. 지금은 폐쇄된 문으로, 청동으로 95개 조를 게시하여 기념물로 삼고 있다. 1858년에 프로이센 국왕 프리드리히 빌헬름 4세의 명으로 목조 문이 청동 문으로 바뀌었고, 1892년 10월 31일 루터 탄생 375년을 기념하여 라틴어로 된 전문과 95개조 논제를 붙여 테제의 문임을 보여주고 있다. 문 위 오른쪽에는 성경책을 들고 있는 루터, 왼쪽에는 멜란히톤, 중앙에는 십자가에 달린 예수 그리스도가 그려져 있다.

   교회 안으로 들어가니 역시 웅장한 위용이다. 예배실 앞부분 좌우에 루터와 멜란히톤의 무덤이 있다. 성도로 보이는 분이 화병에 꽃꽂이를 하는 모습도 볼 수 있다. 누군가의 사랑의 섬김이 성전을 공허한 공간이 아닌 성전 되게 하는 것이다. 가톨릭 성당으로 사용될 때에 붙어 있던 조각품들을 뜯어

내 버리고 개혁교회로 사용하였기에 그 조각품들을 뜯어낸 자국이 아직 남아 있다고 하나, 나에겐 거슬려 보이는 흔적이 들어오지 않는다. 저녁을 먹고 이곳에 들어갔을 때는 많은 어린아이들로 가득 차 있었다. 아이들에게 중요한 역사 교육을 하는 것일까?

지금 이곳은 다양한 나라의 순례객들이 머무는 곳이다.

루터는 대학에서 지내며 교회 내 재정의 문제와 도덕적 부패를 접하게 된다. 이에 교수와 사제들에게 토론을 요청하나 아무도 응답이 없자, 95개조 논제라는 항의문을 망치로 못 박아 제시한다. 이 논제는 학자들과 방종이라는 문제에 관한 의견교환을 위해 시작된 것이었다. 그는 로마 교황청에 세금을 내는 것은 밑 빠진 독에 물 붓기로, 세금을 내지 말 것과 성직자의 결혼, 죽은 자를 위한 미사, 창녀촌 폐지, 신학교육의 개혁 등을 주장한다. 베드로 성당을 불태워 잿더미로 만드는 것이 건축을 하는 것보다 낫다고 하며, 교황의 이름으로 판매되는 면죄부 발행을 즉각 중지할 것을 촉구한다. 그는 교황은 단지 교황의 명령에 거역한 죄만 사할 수 있고, 우리의 죄를 사하고 벌을 면하고 천국을 얻게 만드는 것은 교황의 권한이 아니라는 성경의 가르침을 주장한다.

면죄부는 가톨릭 교회가 기부를 받고 죄를 용서받아 구원받았다는 증명서를 교황의 이름으로 발행한 것이다. 그러나 트렌트 공의회에서 면죄부의 남용을 규제하게 되면서 면죄부는 차츰 사라진다.

우리는 주변 축제거리를 관광하였다. 거리에는 각종 음식점이 즐비했다. 특색 있는 음식을 여러 부스에서 팔고 있었다. 음악적인 재능이 있는 자들은 악기를 연주하고 있고 관광객이나 구경꾼들은 격

려금을 주기도 한다. 중세시대 생활을 재현하여 물레방앗간, 야영생활, 대장간, 목공소, 회전목마 등을 연출하면서 흥을 돋우고 있다. 비텐베르크 시민과 그 주변의 거주자들이 모두 모여든 듯 거리가 복잡하다. 삼삼오오, 친구끼리, 가족끼리 다니며 남녀노소 모두가 흥겹고 즐거운 얼굴이다. 지나가는 이웃과 친척들을 발견한 이들은 오래간만에 만난 듯 안부를 물으며 입맞춤을 하고 허깅을 하는 장면들을 수시로 볼 수 있다.

나는 저녁식사를 한 다음에도 건물 안의 공터에서 공연과 쇼를 하며 즐거이 보내는 그들의 모습에 심취하다가 약속시간을 생각하며 거리로 나왔다. 분명 가이드가 말한 시간보다 일찍 나왔는데, 이미 모두가 버스로 이동하고 없다. 몇몇 늦은 사람과 그들을 기다리는 사람만이 보인다.

이 무슨 일인가? 나는 일행에서 이탈된 나의 현실을 발견하고 일단 미안하다고 사과를 했다. 참 우글쭈글한 기분이다. 내가 들은 집합시간은 아직도 10분 정도는 여유가 있는데 어찌된 일인지? 이번에는 특별히 모이는 시간을 새겨들었건만, 남겨진 사람들이 모두 모이고, 우리는 버스 있는 곳에 가서 탑승을 했다. 찜찜하게 저녁시간이 지나가고 있다. 가이드가 말한 시간보다 식사가 일찍 끝나자 모두 버스에 탑승을 하러 움직인 모양이다. 일행에게 몇 시에 모이라고 했는지 물어보니 정확히 아는 사람이 없다. 내가 알고 있던 시간으로 대답을 했다가 다시 아니라고 하면서 바꾸는 분이 두 분이다. 아무튼 민망한 마음으로 버스에 올라 몸을 맡기고 숙소로 향한다. 단체여행 중에 흔히 있는 일이지만 그런 사람 중 하나가 내가 되어 버렸다.

저녁 8시가 끝나갈 무렵이 되자 구름이 조금씩 검은빛으로 변하기 시작했다. 일몰은 어디서 보나 아름답다. 저 멀리 붉게 물들어가는 구름과 구름 사이사이로 새어 나오는 밝은 빛줄기들, 이들을 감싸면서 울렁이는 드넓게 펼쳐진 양털구름, 그 아래 작은 버스 안에 앉은 나, 산들은 점점 무게를 더하는 색으로 변하면서 하늘과 땅을 구부구불 구분 짓는다. 이렇게 하루가 마쳐지고 있다.

비텐베르크 거리와 부속교회 안 정원에서 열리는 축제 모습

To. 독일, 유럽의 발코니

Travel

9. 독일, 유럽의 발코니

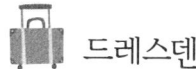 드레스덴

한국을 떠난 지 열흘이 훌쩍 지나갔다. 태어나서 가장 짧은 기간 동안 가장 긴 시간 버스를 타고 다니고 있다. 여유 있는 스케줄이라는 이야기를 들었으나 어쩔 수 없이 빡빡한 일정이다. 두 개혁자의 무덤, 테제의 문, 조각품을 뜯어낸 흔적, 이 세 가지가 종교개혁의 역사를 증거하고 있는 도시에서 점점 벗어나고 있다.

독일문화의 중심지라 할 수 있는 드레스덴을 방문하고 체코로 향하는 날이다. 츠빙거 궁전은 박물관으로 사용되고 있는데, 루터의 초상화를 그린 작가의 작품들과 성경 이야기를 주제로 한 그림들이 있다고 한다. 일정표에 츠빙거 궁전 외관 관광이라고 되어 있는 것을 보니, 아쉽지만 화가의 작품들은 볼 수 없을 것 같다.

버스는 동쪽을 향해 달리고 있다. 산이라곤 보이지 않는다. 드넓은 평원이

펼쳐져 있다. 드레스덴은 강변 숲에 사는 사람들이라는 어원을 가진 소르브어다. 산이 보이지 않는 이곳은 루터를 도운 영주의 소유지였다. 작센 주에서 아직 벗어나지 못했다. 드넓은 땅이 신성로마제국의 강력한 제후인 이유를 설명하는 듯하다.

남북으로 분단된 나라에서 살아가고 있는 우리에게 드레스덴은 어떤 메시지를 줄까 생각하며 차창 밖을 보고 있다. 드레스덴은 작센 주의 수도로 엘베 강의 피렌체로 불리는 엘베 강변에 자리한 도시다. 독일 남부의 정치, 문화, 예술, 상공업의 중심지로, 통일되기 전 동독에 속한 땅이다.

아침 시간인데도 졸음이 몰려온다. 잠깐 자두려 눈을 감는다. 어느새 두 시간이 넘게 지나가고 내릴 시간이다. 광장으로 갔다. 뭔가 갑자기 떨어지고 쏟아지는 소리에 깜짝 놀라며 소리 나는 곳을 쳐다보았다. 팽개쳐져 널브러진 물건들과 넘어진 한 앳된 여인이 있다. 일으켜 주어야 할 것 같다. 수십 명의 사람들이 함께하는 퍼포먼스, 춤, 정지동작으로 이루어진 플래시몹이 진행되는 중이다.

회화 갤러리에는 한 가문의 인물화들을 전시하는 듯 좌우로 긴 대형 현수막 벽체에 인물화가 가득 차 있다. 루카스의 작품들일 수

도 있겠다고 생각하며 일행을 따라간다. 작센 주 오케스트라의 본거지인 젬퍼오퍼 오페라하우스가 눈에 들어온다. 바그너

의 '탄호이저'가 초연된 곳이다. 오페라하우스 앞, 널따란 광장 중앙에는 작센 주의 왕인 요한의 기마상이 있다. 동상의 말 아래 부분은 천사들이 시신을 운구하는 조각이 새겨져 있다. 아마도 요한 왕의 업적과 승귀를 상징하는 것 같다. 그 아래에는 다양한 삶의 형태를 나타내는 여러 계층의 사람들, 군인, 부인네들, 동물과 말을 끄는 병사들, 수레 등 서로 다른 자세를 한 조각들이 있다. 웅장하면서도 화려한 건축, 정교한 조각들이 기마상에서 눈을 떼지 못하게 한다.

소매치기를 조심하라는 가이드의 목소리가 들려온다. 작은 배낭을 앞으로 하며 소지품을 살핀다.

반종교개혁의 표현수단이며 동시에 귀족들의 표현수단인 바로크 양식의 츠빙거 궁전이 좌우대칭을 이루고 서 있다. 츠빙거는 벽과 벽 사이를 뜻한다. 문 안쪽 반대편에 왕관 형상의 탑 모양 건축물이 보인다. 폴란드 왕으로 즉위한 것을 기념하여 만들었다는 이 건물은 수려한 왕관 모양의 장식을 한 형태다.

문을 통과하니 큰 정원과 분수대가 넉넉한 품으로 우리를 맞이한다. 작센의 선제후 아우구스투스와 천재적인 건축가 페페르만에 의

해 건축된 궁전이다. 건물 안쪽에는 건물로 둘러싸인 십자형의 정원과 4개의 분수대가 있다. 이 정원에서는 연주회도 열린다. 궁전 내 건물들은 역사, 수학, 물리학 박물관, 화랑으로 사용되고 있다.

마치 나를 높이고 알아보라고 건물이 소리치고 있는 듯하다. 왕관 모양으로 보이는 소피엔 문 상단에는 독일의 모든 공적인 건물에 걸려 있는 대형시계가 있다. 시계 양옆으로는 마이센 자기로 빚어진 편종이 있다. 하얀 종들이 위에서부터 두 줄, 세 줄, 두 줄로 한쪽에 20개씩 달려 있다. 오랜 세월 햇빛에 그을려 누릿해지고 거뭇해진 사암의 벽체가 하얀 편종을 더 돋보이게 한다. 원래 이곳은 도시의 정자로 불리다가 도자기로 편종을 단 이후 편종의 정자로 개명되었다.

하얀 도자기는 당시 유럽에서는 만들 수 없는 것으로 금과 보석처럼 귀하게 여겨졌고, 수집을 좋아한 아우구스트 1세는 동양에 관한 문헌과 동양 도자기를 수집하였다. 그래서 작센의 하얀 금이라고 불리는 도자기는 중국에서 시작되어 우리나라를 거쳐 마이센까지 왔다고 한다. 이곳 박물관에서는 도자기의 역사를 볼 수 있는 중국과 일본의 도자기들이 전시되어 있지만, 일정상 우리는 정원에서 아름다운 건물을 바라보는 것으로 만족해야 한다.

현란하고 고풍스러워 보이는 건축들, 궁전 안쪽에서 본 남쪽에 있는 왕관 형태의 출입문, 출입문 양쪽에 피리 부는 여인과 탬버린을 연주하는 근육질의 남성 조각상이 있다. 그 시대에도 탬버린이 있었구나 생각하니 신기하다. 우리가 가진 문화의 역사는 생각보다 참 깊은 세월을 간직한 것일 수 있겠다 싶다.

그러나 가이드는 걸음을 재촉한다. 흠잡을 데 없이 깔끔하게 정

돈된 정원과 눈부시게 솟아오르는 4개의 분수를 보며, 외면하기 쉽지 않은 아름다운 돌조각품으로 장식된 궁을 빠져나온다.

왕의 마구간을 지나니 이게 뭐지 싶은 긴 벽화 거리, 성 트리니타티스 성당 옆에 있는 레지던츠 성 성벽에 그려진 거대한 벽화에 압도당한다. 빌헬름 발터가 7년간 만든 벽화다. 이 작품은 높이 10미터, 길이 101미터라고 한다. 성모교회와 슬로스 광장을 연결하는 길에 1127년부터 1910년까지 작센 주를 통치한 35명의 왕들을 연대별로 나타낸 타일 모자이크 조형미술품이다. 하단에는 이름과 통치기간이 기록되어 있다. 과학자, 예술가, 농부 등의 사람들이 포함된 벽화다. 1876년에 베틴 가문을(800주년) 기념하여 만든 것이다. '베틴 가문이 어떤 가문이기에 이런 거대한 벽화를…?' 이런 생각을 하며 벽화 아래를 부지런히 걸어 나와 미약한 카메라 셔터를 눌러본다.

이 벽화는 세계 2차 대전에도 유일하게 보존된 유적이라고 한다. 처음부터 타일 모자이크 벽화는 아니었다. 원 작품의 훼손을 방지하려고 1907년 기와와 2만 4천 장 정도의 마이센 도자기 타일로 재구성하였다고 한다. 흑백영화의 긴 장면을 파노라마로 보는 듯했다.

9. 독일, 유럽의 발코니

그 정교함과 섬세함에 그저 놀라울 뿐이다.

　왕들의 마차 행렬 벽화를 지나서 프라우엔 교회로 갔다. 성모교회로 개신교회이다. 이 교회 역시 바로크 양식으로 설계되어 오랜 역사를 자랑하는 교회다. 이 교회의 원 설계자인 베어는 이 교회 지하 묘실에 안장되어 있고, 요한 게오르그 슈미트가 공사를 마무리했다. 1736년 12월 1일, 바흐가 오르간 연주를 한 곳이다. 오르간 위에는 돔형의 천장이 있고 인물화가 있다.

　이 교회는 7년 전쟁 때 100여 발의 포탄에도 무너지지 않았고, 2차 세계대전 중 연합군의 폭격에도 견디었지만, 진동과 투하된 방화 폭탄으로 내부 온도가 올라가면서 돔이 폭발하여 붕괴되었다고 한다. 붕괴 후 폐허로 남아서 전쟁의 참상과 평화운동의 상징이 된 교회다. 시민들은 폐허가 된 벽돌 파편에 번호를 붙여서 보관하였으며, 이렇게 보관한 벽돌들은 재건 시 사용되었다. 2차 세계대전 시 적대적이었던 국가들도 교회 재건에 함께 참여하며 힘을 보탰다고 한다.

　공산주의 국가 동독은 여기를 정비한다는 명분하에 밀어 버리려 했으나 이에 시민들의 강력한 항의에 부딪히게 된다. 이 항의는 동독 교회들의 인권저항 운동으로 이어지고, 통일 독일로 가는 걸음의 시작이 되었다.

　지붕 꼭대기 종루에 얹힌 십자가는 런던 출신의 금세공사 엘런 스미스가 조립한 것으로, 영국의 그랜트 맥도널드사가 18세기의 기술과 최대한 유사하게 만든 것이다. 10여 년에 걸친 복구작업을 통해 2005년 10월 30일, 60년 만에 드레스덴 시민들을 위한 거룩한 공간으로 기능을 회복한다.

재건의 책임자 에버하르트 부르거는 베어의 설계도를 근거하여 1993년에 공사를 시작, 1994년 첫 번째 돌을 놓고 1996년에 지하교회를, 2000년에 돔을 완성한다. 교회의 옛 모습을 그대로 재현하기 위해 폐허가 된 돌의 잔해를 재사용했으며, 시민들이 보관한 잔해도 3,800여 개가 사용되었다. 또한 당시 사람들의 기억을 통한 증언과 결혼식 사진, 건축 시 사용된 자재 주문서 등을 참고하며 원형을 복구했다. 재건에 대한 책임과 설계도와 옛 자료들을 전쟁 속  에서도 보관하고 있던 독일의 시스템, 시민들의 삶의 자세와 정서에 놀라지 않을 수 없다. 시민들이 보관했던 잔해를 나타내는 것인지 건물 외벽은 드문드문 검게 그을린 벽돌들이 새 벽돌과 섞여서 몸체를 이루고 있다.

하이델베르크의 고성은 무너지자 시민들이 벽돌을 가져가서 개인적으로 사용했던 것에 반해, 이 교회의 몸체를 형성했던 벽돌들은 부서져 나뒹굴 때, 시민들이 안타까운 마음으로 번호를 붙여가며 오랜 세월 보관하여 재건에 쓰이게 했다. 건물이 시민들에게 어떤 의미였느냐에 따라 부서진 벽돌들이 다르게 취급받은 것이다. 건물의 내용됨에 따라 건물을 대하는 모습이 다른 것이 주는 메시지가 마음을 울린다.

　이 교회를 보면서 마치 거센 흙탕물이 도도히 힘있게 흐르는 것 같은 조국의 교회를 위해 기도하지 않을 수 없다. 교회가 담고 있는 내용들이 벽돌을 주워 번호를 붙이며 보관할 수밖에 없는 진리와 정의가 춤추는 것일 수 있기를, 성도로서의 삶의 내용과 생명공동체로서의 책임이 동반되는 회복과 진흥의 은총이 물이 바다를 덮음같이 넘실거리기를, 그래서 교회의 영광이 어두워 길 잃은 세상에 환히 비쳐지기를 기도한다. 아합 시대 때 엘리야와 엘리사가 있었듯이 지금도 하나님의 큰 품속에서 오직 주 하나님을 추구하며 그분의 뜻을 따르는 하나님의 사람, 엘리야와 엘리사가 자라고 있으리라 기대하며 소망을 품는다. 보이지 않는 곳에서 맑은 샘물을 퍼 올리고 있을 주님의 마음에 합한 사람에게 오늘도 주님의 보호와 보장이 넘쳐나기를 바란다.

　나도 어느 한 틈에서 샘물을 흘려보내며 내 역할을 감당해야 할 남은 시간들이 있다. 벽돌에 번호를 붙이고 보관하며 재건을 꿈꾸었을 시민들의 얼을 가득 담아 조국의 교회를 재건하는 데 하나의 벽돌이라도 되는 인생일 수 있기를 소망하며 발걸음을 옮긴다.

　강둑이라고 하기에는 뭔가 특이한 이곳, 엘베 강둑. '아! 이곳이 그 유명한 테라스다.' 괴테가 유럽의 발코니라고 한 브릴의 테라스!

1740년 아우구스투스 3세의 친구인 브릴 백작이 만든 정원이다. 스케일에 놀라지 않을 수 없다. 아우구스투스 다리가 이쪽 땅에서 엘베 강을 가로지르며 연결되어 있다. 다리 아래로는 2차선 도로도 있다. 다리를 건너면 체코다.

화려한 궁정교회가 보인다. 개신교 지역인 작센 주에서 가장 큰 성당이다. 이곳에서 보는 궁정교회는 또 다른 느낌의 정교함과 아름다움으로 다가온다. 이탈리아 건축가를 통해 2단 형태로 설계된 교회다. 1738-1751년에 바로크 양식으로 건축되었다.

각 단의 끝 난간에는 인물 조각상들이 있다. 이 인물들은 성인과 당시 지도자들일까? 첨탑 역시 건물의 무게감과 견주려는 듯 85미터나 되는 높이로, 꼭대기는 십자가 아래 청색의 둥근 모습을 하고 있다. 궁정교회는 1979년에 복원되었다. 이 지역의 특징인 긴 시간 비추는 강렬한 햇볕에 까맣게 그을렸다. 호프 교회라는 명칭도 갖고 있다. 멀리서 보면 이 교회의 오른쪽 뒤편으로 트리니타스 교회가 있다. 시계탑 높이가 101미터로 아우구스투스 왕 시절부터 고도제한의 기준이었다. 묘한 것은 궁정교회보다 탑의 높이가 높다는 것이다. 루터를 지지한 작센의 선제후라 궁정교회보다 트리니타스 교회의 탑을 높게 건축했을 거라고 혼자 생각해 본다.

이 도시의 건축물과 조각물의 수려함은 감탄사를 연발하게 한다. 도시 자체가 조형 예술이다. 섬세하면서도 웅장한 건축물과 조각들, 새로운 경치들에 매료되다 보니 조별 단체사진을 찍는다고 한다. 떠나야 하는 아쉬움이 몰려온다.

문화의 도시, 드레스덴을 연합군은 왜 폭격했을까?

시민들과 군인들이 피난처로 삼았기 때문일까?

모든 것이 파괴된 이곳을 옛 모습으로 복원한 독일의 힘은 어디서 오는 걸까? 이런 생각을 하며 광장으로 향한다.

이곳에는 드레스덴 미술대학이 있다. 또 독일의 여느 도시와 마찬가지로 노천카페, 레스토랑에는 시민들이 옹기종기 모여앉아 얘기를 나누고 있다. 다섯 명이 함께 타는 바이크에 프랑스어 인사말이 새겨진 흰 티셔츠를 입은 30대 정도의 남성들이 올라가 앉아 있다. 1년 365일 22시까지라고 쓰인, 앞이 뾰족한 바이크도 보인다. 운전석도 있고 뒤에는 좌석도 있다. '시내 관광용이려나.'

흰색의 독특한 리무진에 빨간 장미 바구니가 올려져 있는 멋진 차도 보인다. 차 없는 이 거리에 어떻게 차가 들어와 있을까? 오른쪽 앞뒤 문이 열리고 신부와 신랑이 보인다. 뒷좌석 오른쪽에 들러리도 함께 탑승했다. 우리는 양해를 구하고 사진을 한 컷 한 컷 박아 본다. 차 뒤에는 조그마한 글씨로 뮌츠가세라는 독일어와 전화번호도 있다. 리무진 회사차인가 싶다.

엘베 강 건너의 체코는 어떻게 다를까?

사암 대리석 속에 있던 철 성분이 세월 속에 빛에 그을리면서 까맣게 변한 궁정교회와 사치스럽고 화려한 츠빙거 궁전, 긴 성벽의 타일로 된 왕의 행렬, 무너졌다가 모금을 통해 재건된 성모교회, 유럽의 발코니라 불릴 정도로 거대한 브릴의 테라스, 고풍스러움과 섬세함을 겸한 수려함 속에서 가슴이 가득 채워진 듯한 만족감을 가지고 버스에 올랐다. 멋진 문화를 본 만족감이다.

금세 대부분이 잠들었다. 나도 잠을 청하려 눈을 감아 본다.

To, 체코, 엘베 강 건너

10. 체코, 엘베 강 건너

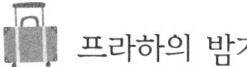 프라하의 밤거리

 살짝 눈을 감자마자 웬 그림이 한 컷 보인다. 하얀 통굽 샌들 한 켤레다. 횃불 같은 불덩어리가 왼쪽 신발을 신듯이 쑤욱 통과하더니 오른쪽 신발도 통과한다. 뭘까? 성령의 불이 내 발에 신겨지는 것일까? 다들 잠들었는데 설렘에 잠이 오지 않는다.

 넓게 펼쳐진 평원보다는 완만한 경사면과 골짜기를 이루는 구릉지들이 보인다. 국경을 넘어 체코로 들어왔다. 오후 4시가 조금 지났다. 체코 프라하의 복잡한 도로 위다. 프라하는 체코 중서부에 위치한 최대의 경제, 정치, 문화의 중심지로 동유럽의 파리로 불리는 동유럽 최대의 관광지이다. 대로는 차들로 혼잡하다. 머리가 쿠욱 꾹! 순간 통증이 두세 번 연속해서 온다. 동전만 한 크기만큼 어떤 압력에 눌리는 느낌이다. 처음 느끼는 통증이다. 공산주의 사상 속에 오랫동안

눌려 온 체코의 아픔일까? 지금도 그들 문화와 삶 속에 스며 있는 고통일까? 땅을 지으시고 그 위에 사람을 살게 하신 하나님의 생명이 이곳의 모든 피조물들 위에 춤추는 기쁨으로 함께하시기를, 우리가 밟는 땅마다 성령님의 임재가 부어지고 하나님의 통치가 임하기를 기도한다. 이와 유사한 통증이 평창 동계올림픽이 끝난 후 강릉을 갔을 때, 북의 손님들이 묶었던 숙소와 그 주변에서도 느껴졌다.

버스에서 내려 돌 벽돌 같은 질감의 보도블록 위를 걸었다. 색다른 맛은 있는데 걷기는 영 불편했다. 강변 공터에는 자동차와 자전거들이 즐비하게 주차되어 있다. 자전거에 올라앉아 친구와 대화를 하는 모습, 아이스크림을 먹으며 서 있는 사람들이 보인다. 여기도 '사람이 사는 곳이구나!' '체코, 공산주의 국가'라는 이미지가 머리에 각인되어 있었는지 평범한 사람들의 모습이 어색하리만큼 새롭다. 남북 분단 속에서 반공교육에 잘 길들여진 선입견이 내 안에 있어서일 것이다.

길옆에는 붉은 벽돌더미와 흙더미도 있고 철망과 비닐 테이프로 들어가지 않도록 막아 놓았다. 사람이 사는 곳은 늘 공사 중이 아닐 수 없다는 생각을 하며 걷다 보니 체코의 국기가 보인다. '프라하의 봄'이란 단어가 떠오른다.

맑고 푸른 하늘과 하얀 구름, 그 아래 민트 색 지붕의 뾰족하고 긴 탑, 빛에 그을린 검은색과 금색이 어우러진 사암벽돌의 건물들, 아! 은은하고 따뜻하니 정말 멋지다. 녹색의 나뭇가지 사이로 성 비투스 성당이 보인다. 체코의 비투스 왕이 시작하여 1004년의 긴 세월에 걸쳐 건축되어 지금의 모습을 갖춘 성당이다. 길이가 124미터, 폭이 60미터, 탑이 100미터다. 너무 거대한 건물이라 멀리서 사진을 찍어야 전경이 담긴다. 외관에 감탄하며 사진을 찍으나, 아쉽게도 잘 담기지 않는다.

옆으로 돌아가니 대통령 집무실인 옛 왕궁이다. 오래도록 보헤미아를 다스렸던 역대 왕들이 있던 곳이다. 우리는 궁의 정원으로 아무 제지 없이 들어왔다. 대통령의 집무실은 어디에 위치해 있는지 대통령만 안다고 하니 보안이 철저한 것 같다. 대통령 궁 출입구 좌우에는 위병이 근무하는 초소가 있다. 앳된 청년이 총구를 위로 향하게 놓고는 차려자세로 서 있다. 관광객들은 위병을 배경으로 사진을 찍는다. 여기에 근무하는 위병들은 관광객을 구경하는 재미에 종일 심심치 않을까, 아니면 더 긴장되어 있을까?

대통령 집무실이 있는 공간을 관광지 드나들듯 할 수 있다는 것이 우리나라와는 너무 대조적이라 신기하고 낯설다. 군사적 대결, 대북 대남 방송, 핵의 공포, 이념의 장벽 속에 만날 수 없는 이산가족들, 휴전 상황의 아픔 속에서 우리는 어쩌면 그냥 익숙해져서 아픈지도 모르고 살아가는 것이 아닐까? 나의 조국에도 휴전이 아닌 종전과 평화가 오기를 기도한다.

오늘 이 시간은 대통령이 퇴근했을 시간이라는 안내가 들려온다. 오후 4시가 조금 넘은 시간인데 퇴근이라니. 여긴 대통령도 참 일찍 퇴근하시는구나! 일에 중독된 듯 살아가는 우리의 일상과는 참 낮

선 일상이 있는 곳이 이곳일까? 유럽의 여유로움은 이런 일상에서 나오는 것일까? 이런 생각을 하면서 보니 토요일이다. 단체로 와서 가이드를 따라다니기에 바빠서 날짜 감각을 잃어버렸다.

건물로 둘러싸인 곳 한가운데 성 십자가 예배당과 1686년에 만든 바로크 양식의 둥근 3단으로 보이는 콜 분수대가 있다. 영 시원치 않은 물줄기가 졸졸 흘러나온다. 분수대 왼쪽 옆에는 우물 같기도 한 길쭉한 왕관 모양의 조형물이 있다. 그 위에 둥글고 하얀 건물은 성 십자가 예배당이다. 칼끝을 아래로 향하게 든 성 바울 동상이 건물 2층 외벽에 있다. 그 위에는 알 수 없는 글이 있는데, 은혜라는 단어가 두 번 정도 등장하는 것 같다.

'은혜.'

어린아이나 어른이나 뭐든 자기 힘으로 하고 뽐내려는 이글거리는 본성을 가지고 있다. 그래서 하나님께서 거저 주시는 은혜가 싸구려 무용지물처럼 취급당하기 일쑤다. 나는 마치 신의 은혜를 갈망하지 않는 것 같은 인간 본성에 괴로워하던 때가 있었다. 그러나 영혼 깊은 곳에서 은혜를 갈망하지 않는 존재가 어디 있을까?

교대 시간일까? 연 푸른색 제복과 모자를 쓴 사람들이 반짝이듯 빛나는 총구를 하늘을 향하여 어깨에 기대어 들고 지나간다. 앞에는 나이 좀 들어 보이는 한 사람이, 뒤에는 좀 어려 보이는 두 사람이 나란히 따라간다. 허리에는 금색 띠가, 오른쪽 어깨에 국기의 색

을 상징하는 듯 빨간색, 흰색, 파란색 실로 꼰 줄이 둘려 있다. 앞선 이와 뒤따르는 이들은 눈에 덜 띄는 검은색 줄무늬가 있는 벨트를 하고 빨간색과 흰색의 두 개의 꽃술 모양이 어깨에 달려 있다. 팔꿈치 옆에는 계급장이 있다. 선글라스도 착용을 했다. 얼굴이 노출되면 안 되는 사람들일까? 뜨거운 태양으로부터의 보호가 목적일까? 모두들 폰 카메라를 들고 초점을 맞추느라 조용하다.

　빨간색 상의에 검은색 바지를 입고 하얀 모자를 쓴 분들이, 등에 배낭을 지거나 어깨에 서로 다른 가방을 메고 손에 무엇인가 들고는 궁으로 들어온다. 앞에서 본 사람들과 달리 선글라스 착용은 하지 않았다. 아무 제한 없이 가까이서 이들을 볼 수 있다는 것이 신기하다.

　마티아스의 문으로 나가면 흐리차니 광장이 나온다. 왼쪽의 문으로 나오면 성 비투스 성당이다. 우리는 마티아스의 문을 지나 정문으로 나왔다. 정문 양쪽 기둥에는 싸우는 모습을 한 거인들 조각상이 자리하고 있다. 그리스 신화에 나오는 타이탄의 싸움에서 생각해 낸 작품이다. 왼쪽의 거인은 검을 들고 엎드려 있고, 오른쪽 거인은 방망이를 들고 상대를 항복시킨 모습이다.

　보헤미아를 제압하는 조각일까? 마냥 평화롭게 보이는 성과 궁의 이면에 상대방의 수모를 자랑스럽게 여기는 우월감이 지금도 가득한 것일까? 인간은 누구든 열등감보다는 우월감을 가지려는 속성을 가지고 있다. 한 사람이 자랑스러워지는 데는 다른 이의 수모가 땅바닥에 코를 대고 있을 때가 많은 것이 권력이 폭력을 행사하는 세상의 모습이다. 하나님 없는 세상은 폭력이 왕이다.

타이탄은 그리스 신화에 등장하는 신들이 나오기 전 세상을 지배한 종족이란다. 그들은 거인들이었을까, 아니면 세상을 지배했기에 거인으로 표현된 걸까? 인간들은 끊임없이 자신의 근거를 찾기 위해 신화를 만들어낸다. 타이탄도 근거 없는 삶에 대한 불안에서 출생한 것일까?

체코는 초토화된 드레스덴과는 달리 옛 건물이나 문화재가 손상되지 않고 보존되어 중세 유럽의 느낌이 잘 살아 있는 곳이다. 유산이 관광자원이 된 이곳과 이곳의 사람들, 이웃 나라의 미움과 원망을 받으면서까지 독일에 항복하여 문화유산을 보존하고자 했던 그들의 선택, 문화와 유산에 대한 그들의 생각은 어떠했기에, 문화유산을 보존하려고 항복을 했을까? 그들의 선택이 오늘날 북유럽 최대의 관광대국이 되는 결과를 가져왔다. 지배체제가 중요하지만 외적인 체제가 사람의 영혼까지 지배할 수는 없다. 영혼의 깊은 등불을 끌 수 있는 이는 인간 스스로의 내부에 있을 뿐이다. 이런 생각으로 독일에 항복을 했을까?

아름다운 프라하 성과 잘 어울리는 다리가 보인다. 저 다리는 이름이 뭘까? 다리로 가서 흐르는 물에 얼굴을 담그고 싶은 마음이지만 가이드의 안내를 따라 얀 후스의 베들레헴 교회로 향했다.

베들레헴 교회는 구시청 광장에서 바츨라프 광장으로 가는 길에 있다. 1394년 건축된 이 교회는 1402년부터 10년 정도 후스가 체코어로 설교한 곳이다. 고해성사를 되풀이하나 하나님과 복음을 모르는 이들은 변화 없는 삶을 살아가게 된다. 이런 사람들을 위해 체코어로 설교를 시작한 교회로, 말씀 중심의 예배전통이 시작된 교회다. 예배실은 소박하고 강단에는 오직 성경만 비치되어 있다.

그러나 후스는 1402년부터 이 교회에서 사역하며 떡과 포도주를 모든 성도에게 나누어 주는 이종배찬을 한다. 후스가 순교한 후 베들레헴 교회는 떡과 포도주를 나누는 후스파의 중심지가 된다.

30년 전쟁 후, 합스부르크 왕가로 인해 가톨릭으로 개종할 것을 강요받으며, 이후 베들레헴 교회는 역사의 질곡을 겪으며 팔리기도 하고 훼손되기도 하다가 1954년에 재건된다. 이 교회는 예수님이 태어난 작은 골 베들레헴이라는 이름에 걸맞게 아주 소박한 시민교회이다.

골목골목마다 관광객들로 북적인다. 저녁 식사를 하고 나니 8시 20분이 조금 넘은 시각이다.

구시가지 광장의 천문 시계탑 앞에서 발걸음을 멈추었다. 1410년에 만들어져 600살도 더 되는 시계이다. 이 시계탑은 파수대 역할도 하였다. 날짜, 요일, 해가 뜨고 지는 시간, 농사의 시기를 알려 주며 태양계 행성의 관계까지 알려 주는 시계로, 프라하 시민의 삶과 함께하며 사랑받는 시계다. 시계 윗부분과 양 옆은 공사를 위한 비계가 설치되어 있다. '시계가 지금

살아 있는 것인지, 수리 중인지?' 알 수 없다.

시계탑에는 둥근 원이 위아래로 있다. 아래는 시간을 알리는 것이고 위에 있는 것은 계절을 알리는 것일까? 위의 것은 작은 원과 시계 바늘 같은 것과 큰 원이 보이고, 알 수 없는 글씨들과 로마 숫자가 표기되어 있다. 아래의 원 양옆에는 4개의 조각상이 보인다. 큰 둥근 원 안에는 마치 각 시각의 위치를 알릴 듯한 12개의 작은 원들이 있고, 그 안에는 알아볼 수 없는 그림이 있는데 예수님 행적을 나타내는 그림인 듯하다. 정 중앙의 원에는 금관 같은 것이 보인다.

매시 정각이면 인형으로 된 암탉과 예수님의 12제자가 40초간 나타났다가 사라진다는 시계, 그것을 보려는 관광객으로 붐비는 거리, 어디서 예수님의 12제자가 튀어나와 인사를 할까 생각하며 뚫어지게 쳐다본다.

'후훗, 12제자의 인사, 정말 예수님의 12제자가 오늘 이 자리에서 우리를 만난다면 뭐라 할까?' '네가 믿는 것이 무엇이냐?', 그렇다면 '너는 어떻게 살아야 하는가?', '참된 교회공동체 세우기'가 열두 제자의 관심사가 아닐까?

여전히 환하니 밝다. 이 시계탑 옆에는 시계탑보다 72년이나 오래된 구 시청사가 있다. 2층은 결혼식장으로 사용되고 있고 1층은 관광안내소이다. 낮에 본 하얀 리무진에 어울리는 결혼식을 막 마친 듯한 신혼부부의 모습이 떠오른다. 그들도 여기서 결혼식을 한 것일까? 이곳의 결혼식 풍습은 어떤 것일까?

이곳에 오면 꼭 바닥에 표시된 순교기록을 보라고 했던 박경수 교수의 말이 떠오른다. 점점 밝음이 어둠으로 바뀌어 가고 있다. 약속

장소인 이곳으로 사람들이 모여들기 시작하고, 어둠도 짙어지고 있다. 이곳에서 1437년 종교개혁자 얀 후스의 추종자들이 처형되었다.

1621년 30년 전쟁 때는 오스트리아 합스부르크 왕가에 복속되면서 27명의 개신교 지도자들이 참수를 당한 곳이다. 참수당한 지도자들의 머리가 놓였던 구 시청사 앞 바닥에 1621년이라는 날짜 표시와 27개의 하얀 십자가 문양이 있다. 그들의 목은 카를 교 입구에도 걸렸다고 한다.

1968년 민주화를 위한 프라하의 봄에 이곳까지 소련군 탱크가 들어왔다. 1989년에는 비폭력 민주화운동인 벨벳 혁명이 선포되었다.

종교개혁의 토대를 놓은 선구자 후스의 뒤를 이은 순교의 도시, 체코의 수많은 생명들이 진리, 생명, 자유를 위해 피 흘리며 죽어간 곳, 그래서인가? 가는 곳곳에서 성령님의 임재하심이 가득 찬 느낌을 받는다.

얀 후스(1372-1415)는 영국 옥스퍼드 대학 재학 중 말씀을 강조한 교수인 요한 위클리프(1330-1384)의 영향을 받는다. 위클리프는 가톨릭의 개선할 점에 대한 많은 글을 쓴 사람이다. 그는 영어로 성경을 번역하여 가난한 사제들에게 나누어 주다가 이단아로 찍힌다.

어둠이 짙던 시대에 새벽을 깨우려는 선각자들은 공통적으로 시대의 중심을 이루는 힘에 저항자처럼 비판의 소리를 높였고, 하나님의 마음이 담긴 성경을 번역했다. 그 결과 이단으로 정죄되어 목숨을 내놓아야 했다.

후스는 귀국 후 황제 카를 4세가 세운 프라하 대학의 교수와 학장을 거쳐 총장까지 역임하게 된다. 어린 시절에 후스는 사제가 되어 좋은 집에서 살며 화려한 옷을 입고 사람들에게 존경받는 꿈을 꾸었다고 한다. 그러나 사제가 된 그는 성경을 통하여 어린 시절 꿈이 악한 욕망이었음을 깨닫는다. 당대 최고의 지성인이자 가톨릭 교회의 신부였던 그는, 자신의 힘에 의지하여 자만해서는 안 된다는 연설을 했다고 한다. 그의 설교는 주로 교회 개혁과 사회 윤리적인 문제를 다루었다. 평민은 물론 왕족과 귀족들도 그의 설교를 좋아했다.

후스는 교회의 세속화를 비판하며 성경을 유일한 권위로 주장하고, 교회의 치부를 지적하였다. 이에 기득권자들이 그를 견제하기 시작하고, 이윽고 프라하에서의 활동을 금한다. 1411년 교황 요한 23세는 그를 파문한다. 그래서 1412년에 프라하를 떠나 남뵈멘 지역으로 이동하여 체코어로 사람들이 있는 들판과 광장에서 설교한다.

기존 교회에 대한 비판의 목소리로 인해 결국 그는 1414년, 스위스 근처에 있는 콘스탄츠 공의회에 소환된다. 그는 교회를 설득할 마음이었지만 체포되어 그의 주장을 철회하라는 요구를 받는다. 그리고 정당한 재판을 받지도 못한 채 권위에 도전하는 이단아로 정죄된다. 결국 1415년 7월 6일, 로마 가톨릭은 그를 불타는 장작 위에서 화형시킨다. 화형으로 몸이 타들어가면서도 그는 "지금은 당신들이 거위를 제거할 수 있지만(후스라는 이름의 뜻이 거위였다) 앞으로 100년 뒤에 나타날 백조는 결코 제거할 수 없을 것이다"라고 외쳤다고 한다.

그가 사랑했던 베들레헴 교회에서는 순교하기 전날인 7월 5일에 후스를 기념하는 기념행사를 한다. 순교한 7월 6일은 체코에서 공휴일로 지켜지고 있다.

당시 가장 중요한 이슈가 되었던 문제들은 사제들의 면책 특권과 교회의 부정부패, 알아들을 수 없는 라틴어 예배와 성찬식에서 떡만 분배하는 것이었다. 그는 자국어 예배와 성도들이 떡과 잔을 함께 나누는 이종성찬을 주장한다. 또한 교회의 청빈과 사제들의 면책 특권 철회를 주장한다.

사제들의 면책 특권은 오랜 역사를 가지고 있다. 그 시작은 300년경, 십자군 전쟁에 출전할 것을 권하며 출전하면 죄를 면죄 받는다고 한 것이다. 교황 우르반 2세는 1095년 십자군 전쟁에 출전하는 것은 고해성사에 해당된다고 선언한다. 교황 클레멘트 6세는 대사부가 은행에 예치된 자본처럼 모든 성도들의 형벌을 보상해 준다고 칙서를 내린다.

어느 시대든지, 물질주의에 빠져 헛된 영광을 추구하다 보면 참된 진리를 찾는 신앙의 길을 어지럽히게 된다.

> 진실한 크리스천들이여,
> 진리를 찾으라,
> 진리에 귀를 기울이라,
> 진리를 배우라,
> 진리를 사랑하라,
> 진리를 말하라,
> 진리를 지키라,
> 죽음을 두려워 말고 죽기까지 진리를 수호하라,
> 진리가 너희를 죄와 악마와 영원한 죽음으로부터 자유케 할 것이다,

무조건적 '사랑으로 먼저 찾아오신 예수님'을 만난 후스가 남긴 말

이다. 후스는 사랑과 진리이신 부활의 예수님과 함께하는 삶, 죽음으로부터 자유로운 삶을 향유할 수 있었다. 그의 목적은 오직 예수님이었기에 죽음을 두려워하지 않고 진리를 추구할 수 있었을 것이다.

우리는 진리를 얼마나 찾고 있는가? 우리가 찾기도 전에 '먼저 찾아오신 예수님'을 우리는 교회 안에서도 외면하고 있는 것은 아닐까? 수많은 교회가 있지만 진리에 대해 진지하게 고민하고 찾고 사랑하며 지키려 하고 있을까? 진리를 외면한 채, 세상의 풍요를 구하며 하나님을 자기의 꿈을 위한 수단으로 삼고 있는 것은 아닐까? 어쩌면 무엇이 진리인지, 무엇이 본질인지, 서로 같은 말을 하고 있지만 서로 다른 것을 생각하고 있는 것은 아닐까. 우리는 진정 무엇을 믿고 있는가? 우리가 믿는 것이 과연 삶으로 나타나고 있는가? 스스로 질문하며 프라하의 밤거리를 바라본다.

후스의 죽음은 경건주의의 모태가 되는 보헤미안 형제단(Brethren church)을 태동시킨다. 후스를 지지하던 농민들은 봉기로 맞서나, 오랜 타보르 전투에서 결국은 패배한다. 이렇게 후스의 개혁은 죽음으로 끝나는 것 같았지만, 긴 역사 속에 유럽의 개혁을 일으키는 불씨가 된다. 루터보다 100년 전의 개혁적 인물 후스의 영향력은 체코를 넘어 독일까지 이르게 되고, 결국 루터 때 종교개혁이라는 폭발적인 역사의 획을 긋게 되는 근간이 된다. 후스의 마지막 외침처럼 교회 개혁은 100년 뒤에 루터에게서 불타올라 칼빈으로 이어진다.

얀 후스(1372-1415)의 동상 아래 앉아서 종아리를 주물러 본다. 체코인이 가장 자랑스러워하며 추앙하는 후스, 그의 동상 아래에서 이런저런 생각 속에 빠져 광장의 밤에 취해 본다. 체코의 모토는 후스가 외친 "주님의 진리가 승리한다"이다. 체코의 모든 국민들이 주님의 진리와 함께 승리하기를! 영적 자원의 가치와 깊은 뿌리를 찾으며 그 얼을 오늘의 숨결로 살아내기를! 진리와 소통하는 은혜가 이 땅을 밟는 모든 이들에게 끝없이 넘쳐나기를 기도한다.

후스 동상은 순교 500주년을 기념하여 1915년에 세운 것으로 상상하여 만들어진 것이다. 후스가 화형을 당할 때, 그를 상징하는 것은 모두 태워져 남은 초상화가 한 점도 없기 때문이다. 조명 없는 어둠 가운데 육중해 보이는 후스 동상 하단에 그의 사상을 나타내는 낯선 체코어가 새겨져 있다. "서로 사랑하세요. 모든 이들에게 진리를 요구하세요"라는 문구로, 감옥에 있던 후스가 보낸 편지에 있던 글이다.

인간이 행복을 느끼는 순간은 사랑을 받을 때와 사랑하고 있을 때이다. 또한 무한한 가치인 진리를 발견하고 진리와 함께할 때이다.

후스를 정죄했던 그들이 당시는 옳게 보였을 것이다. 제한된 시각으로 인한 잘못된 기준을 나는 얼마나 많이 가지고 있을까? '정죄하지 말라. 비판하지 말라'는 주님의 말씀이 제한된 우리를 보호하시는 선한 배려의 말씀이다. 하나님의 끝없는 사랑이 다시 더 넓고 깊게 느껴진다.

광장 정면에 있는 틴 성당이 은은한 빛을 받아 살포시 자태를 드러낸다. 화려하면서도 정교한 두 개의 첨탑이 하늘을 향해 치솟아 있다. 성당의 뾰족한 두 탑은 아담과 하와를 상징한다고 한다.

1365년에 건립된 이 교회는, 후스의 종교개혁을 가장 먼저 지지한 교회이다.

로마 교회 지지자들은 교회를 점령한 후, 바로크 양식의 화려한 장식을 하고 금으로 된 성찬기까지 녹여서 마리아상을 도금했다. 금빛의 마리아상이 그들의 영혼도 정금처럼 빛나게 했을까? 외관이 화려해질수록 오히려 영혼은 물이 한 방울도 남지 않은 가뭄에 메말라 쩍쩍 벌어지는 땅처럼 찢어지고 갈라지며 진가를 잃어버리지 않았을까?

말없는 이 교회는 30년 전쟁과 순교자들, 프라하의 봄, 벨벳 혁명까지, 오랜 역사 속에 이 광장에서 일어나는 일을 다 보고 있었을 것이다.

바츨라프 광장 끝에는 체코 국립박물관이 있다. 바츨라프 하벨이 무혈혁명으로 체코의 민주주의를 확보하게 된 벨벳 혁명이 일어난 곳이다.

화약탑은 구시가지와 신시가지를 나누는 탑이다. 1475년에 세워진 고딕양식 문으로 대포를 보관하던 곳이나, 1757년 프러시아의 공격으로 파괴되었다가 재건된다. 러시아에 포위되었을 때, 이 문의 탑 안에 화약을 넣어 두는 창고로 사용하여 화약탑이라는 이름을 갖게 된다. 다른 건물과는 정반대로 아랫부분이 더 검은 빛의 화약탑이 눈길을 사로잡는다.

중앙광장에서 보는 프라하의 밤거리는 다른 유럽의 도시와는 다르게 기품 있어 보인다. 밤거리를 여기저기 자유롭게 쏘다닐 수 있다는 것이 신기하게 여겨졌다. 좁은 골목길인 황금소로는 프라하 성을 지키는 병사들의 막사가 있던 곳이다. 후에 금 세공사들이 살면서 황금소로라 불려졌다. 《심판》,《변신》,《실종자》,《성》 등을 집필한 실존주의 문학가 프란츠 카프카가 집필 활동을 한 곳이다. 집들은 작고 창문도 자그마하다. 이 작은 집에서 집필활동을 하여 인간의 한계에 더 깊이 직면했을까? 프라하의 성과 자신의 작은 공간 속에서 오는 실존적 경험이 《성》이라는 작품을 남기게 했을지도 모른다.

체코에서 가장 오래된 다리 위를 걸어 본다. 카를교다(500미터 정도). 프라하 전성기 카를 4세가 신성로마제국의 황제가 되면서 나무다리를 돌다리로 재건한 것이다. 수많은 인파들이 오가고 있다. 좌우에 나란히 성인들의 조각상이 30개나 줄지어 서 있다.

18세기에 성인으로 추대된 성 얀네포무츠키 신부의 부조 아랫부분은 반질반질하다. 바츨라프 4세가 왕비의 고해성사 내용을 알려달라고 요청하나 신부는 거절한다. 그 결과 체포되어 고문당하고 혀가 잘린 채 다리 아래로 던져져 죽임을 당한다. 부조는, 다리 난간 아래로 떨어지는 장면을 묘사하고 있다. 이 부조를 만지면 소원이 성취된다는 말에, 관광객들이 만진 곳이 주변의 검푸른 빛과 달리 노랗게 반짝이듯이 닳아 있다. 동서양을 막론하고 소원이 성취되기를 바라서 누군가에게 빌고자 하는 기복의 마음은 동일하다. 다시 한 번 '우리는 무엇을 믿는 걸까?' 반문하지 않을 수 없다.

기도를 들으시는 인격적 관계를 원하시는 하나님, 기도에 응답하시며 크고 은밀한 일을 행하시는 하나님이 아닌, 성인으로 추대된 자에게 소원을 비는 마음이 오직 하나님께로 향할 수 있기를 구한다.

스바냐 3장 17절은 "너의 하나님 여호와가 너의 가운데 계시니 그는 구원을 베푸실 전능자이시라 그가 너로 말미암아 기쁨을 이기지 못하시며 너를 잠잠히 사랑하시며 너로 말미암아 즐거이 부르며 기뻐하시리라"고 한다. 우리는 우리 가운데 계신 하나님, 기뻐하시는 하나님, 잠잠히 사랑하시는 하나님, 즐거이 이름을 불러 주시는 하나님을 다 잊고, 무섭고 무거운 짐을 지우는 하나님이라고 생각하며 살아가는 것은 아닐까?

강물에 비친 프라하의 야경은 부드럽고 겸손해 보인다. 조용하고 은은한 빛이 내 가슴속에 스며든다. 야경에 심취한 내 마음도 부드러워진다. 프라하의 은은한 야경이 오랫동안 가슴에 따스함으로 남을 것 같다. 순간 많은 교회들이 빔 프로젝트를 통해 화려한 비주얼로 시각을 자극하는 것이, 오히려 영이신 하나님께로 나아가는 데 때로는 방해꾼이 되기도 한다는 생각이 든다. 화려한 조명은 때로 우리 마음과 영혼에 폭력을 가하기도 하는 것이다. 적절함을 때마다 유지하는 것이 쉽지 않다.

다리 위에서 보이는 저 멀리 프라하 성, 검푸른 하늘 아래 빛을 통해 살포시 드러나는 형체들이 고혹적인 매력을 내뿜는다. 동화 속의 신비로운 장면같다. 아치형의 다리 기둥들, 그 기둥들을 비추는 빛, 프라하를 담은 강, 강여울 속에서 더욱 빛과 그림자로 신비감을 더하는 밤이다. 마치 수중도시의 밤거리를 호흡 곤란 없이 즐기고 있는 기분이다. 이곳에서는 누구나 자유로운 영혼이 되어 시인이 되고 사랑에 빠질 것 같다.

  밤 11시가 다 되어간다. 집합시간에 쫓겨 아쉬운 마음을 달래며 무거운 다리로 트램을 타기 위하여 정류장까지 힘겹게 걸어간다. 늦은 시간이지만 트램에는 다양한 국적의 많은 승객들이 있다. 10대 소녀로 보이는 아이도 있다.

  하루의 피곤이 몰려든다. 너무 늦어서인지 뒤척이게만 되고 밤늦도록 잠들지 못한다. 나의 조국은 주일 아침이다. '예배를 잘 드리겠지' 생각하며 주님의 임재가 내게 맡기신 성도들의 영혼과 예배처소에 가득히 넘쳐나기를 기도하고 기도한다.

  내일은 후스를 따르던 농민들이 맞서 싸운 곳인 지하마을 타보르로 간다. 지하 동굴 속의 생활은 어떠했을까? 말로만 듣던 초대교회 사람들의 삶, 영화로 보던 그런 모습들일까?

To, 체코, 지슈카의 전쟁터

Travel

11. 체코, 지슈카의 전쟁터

 지하도시 타보르

잠깐 눈을 붙이고 일어나니 이곳은 주일 아침이다. 이곳 시민들이 드리는 예배의 자리로 가는 계획을 세웠으면 좋았을 것이란 마음을 같이 나누며 서로 아쉬워한다. 우리는 모두 프라하 한인교회에 가기로 예정되어 있다.

이른 아침 교회에 가서 우리 일행들끼리 예배를 드린다. 함께 오신 사모님들의 "저 멀리 뵈는 나의 시온성 거룩한 곳 아버지 집" 찬송이 아련한 느낌 속에 가슴에 와 닿는다. 설교자는 87년 가을에 처음 뵌 분인데, 인연을 맺은 지 30년이다. 오랜 시간이 지났다. 내가 풋풋한 20대에 섬겼던 교회 담임목사님이다. 그때 목사님은 평생 목회할 텐데 뭘 그리 열심히 하느냐고 쉬엄쉬엄하라고 하셨다. 당시 그 말을 이해할 수 없었는데, 그 말이 이해가 되고도 남는 나이가 되어 버렸다.

예배를 마친 우리는 저항의 도시, 타보르를 향해 달린다. 언덕 위에 자리한 후스파의 군사요충지다. 프라하에서 90킬로미터 정도 거리, 얀 후스가 태어난 곳이기도 하다. 인구 3만 명 정도가 사는, 체코 남부의 루지니체 강 연안에 자리하고 있다. 가파른 산등성이에서 강을 굽어보며 있는 타보르는 '진지'를 뜻한다. 언덕 아래로는 강이 흐른다. 종말론적 의미로는 다볼 산이라 명명하여 타보르라는 지명이 탄생하게 되었다고도 한다.

13세기 성벽의 일부인 원형 탑, 15세기 고딕양식의 교회, 16세기 시청사가 남아 있다. 지하에는 암벽을 뚫어 만든 터널식 마을이 있다. 후스의 죽음으로 1419년 반 혁명파와 갈등 속에서 신성로마제국에 반기를 든 강경파 지도자 얀 지슈카에 의해 건설된 도시다.

구시가지의 지슈카 광장에 도착했다.

작은 광장이다. 광장에는 지슈카(1360-1424) 동상과 르네상스 분수대가 있다. 동상은 예리하고 강력한 군장의 모습이다. 애꾸눈의 지슈카는 안대를 하고 있다. 분수대는 1568년에 세워진 것이다. 마을의 식수를 공급한 분수대이다. 분수대 중앙의 조각상은 깃발을 들고 있다. '승리를 상징하는 깃발일까' 혼자 속으로 생각했는데, 시장이 마을에 있음을 알리는 깃발이라고 한다.

박물관 입구 바닥에 후스파를 상징하는 포도주잔 문양이 있다. 사각형 안에 모자이크로 포도주잔을 표현해 놓았다. 성찬은 성도들과 떡만이 아닌 포도주도 나눠야 한다는 이종배찬을 주장한 후스의 흔적이다.

후스가 화형을 당한 후 귀족과 지식인들은 프라하 대학을 중심으로 온건하게 개혁을 추진한다. 반면, 도시빈민과 농민들은 성직제도와 사유재산제도의 폐지를 외치며 과격한 투쟁을 한다. 이런 과정 속에 탄압이 본격화되자, 강경파는 산 위의 작은 마을 타보르를 근거지로 투쟁한다. 얀 지슈카는 귀족 출신이나 후스의 설교에 감화를 받아 강경파의 지도자가 된다. 지슈카는 농민들과 함께 십자군에 맞서 매번 승리한다. 십자군은 지슈카를 오직 신의 손에 의해서나 제거될 수 있는 자라고 하였다. 그는 뛰어난 군사 전략가요, 양심의 자유, 재산의 공동소유를 주장한 사회혁명가다.

체코 작곡가 베드르지흐 스메타나의 교향시 5악장 '나의 조국'은 후스파의 도시 타보르를 배경으로 한 것이다.

박물관에는 중세 역사와 종교개혁 이야기가 담긴 필름, 존 위클리프부터 후스, 필립 멜란히톤, 마르틴 루터, 존 칼빈 등 1300년에서 1700년대까지 연대표가 전시되어 있다. 후스파의 이동 경로와 생활 흔적, 농민군들의 무기와 전략 상황판도 소개되어 있다.

후스파인 지슈카가 이끄는 이곳 사람들의 무기는 칼과 창이 아닌 수레와 농기구를 변형시킨 것이다. 지슈카의 전투용 수레와 수레 안에는 끝이 날카로운 쇠로 된 소총병과 도리깨 병들이 있다. 지슈카는 나무로 된 수레를 만들고 나무에 철판을 덧대어 진을 둘러싸고 방어와 공격도구로 사용하였다. 수레진에는 소총병과 석궁병, 농기구를 개조해 만든 도리깨 모양의 무기, 두 갈래창, 쇠스랑, 소총 등이 전시되어 있다.

농민들은 수레에 뚫어 놓은 구멍을 통해 소총을 쏘고 적이 가까이 오면 석궁을, 더 가까이 오면 도리깨를 휘두르는 전술을 사용하며 승전했다. 수레로 진지를 막고 사방에서 몰려오는 십자군을 상대하는 후스파, 말을 타고 포도주잔 문양의 깃발을 펄럭이며 전진하여 적에 대항하는 그들, 수레에서 방어와 공격을 동시에 하는 농민들의 모습이 비디오처럼 지나간다. 동시에 농기구가 사람을 공격하며 살생하는 도구로 사용되었다고 생각하니 한편 등골이 오싹하기도 하다. 또한 수많은 농민들의 목숨이 희생되었을 것을 생각하니 가슴이 저며 온다. 만감이 교차하게 하는 타보르다.

외눈인 얀 지슈카는 십자군 전투에서 나머지 한 눈을 잃게 된다. 그래도 1424년 전염병으로 사망하기까지 무패장군으로 이름을 떨치나, 전쟁 중에 질병으로 사망한다. 그리고 농민들은 십자군에 의해 진압된다. 십자군은 농민들을 나무에 매달아 화살을 쏘고, 장작 위에 올려 불을 피우고, 꿇어앉혀 놓고 목을 치고, 고문대 위에서 주리를 트는 등 아주 처참한 방법으로 살해한다.

얀 지슈카는 이렇게 죽어가는 후스의 신앙을 따르려는 노동자와 농민들의 생명을 지키고, 사람으로서의 존귀함을 보호하기 위해 목숨을 건 전투를 하였다. 친구를 위하여 목숨을 버리면 이보다 더 큰 사랑이 없다고 하는데, 지슈카의 전투는 십자군이라는 거대한 부와 권력의 중심을 이루는 힘 앞에서, 주변인으로 취급받는 약자들의 삶과 신앙을 지키려는 사랑의 몸부림이다. 그는 전 인생을 걸고 후스의 신앙을 따라 살아간 저항자이다.

지금 체코에서는 후스파 교회를 찾아볼 수 없고, 신구교 전체 신도의 수도 5%, 복음적 기독교인은 0.1%라고 가이드가 설명한다. 체코인들은 십자군 전쟁의 패배로 하나님에 대한 신뢰를 버렸고, 지금은 대부분 좋은 집과 좋은 직장에 관심이 있을 뿐이라고 한다. '의식주에 대하여 염려하지 마라. 이런 것은 이방인이나 구하는 것이요. 하늘 아버지는 이런 것이 자녀에게 있어야 할 줄을 아신다'는 마태복음 6장 말씀이 떠오른다. 아버지이신 하나님을 모른다면 우리는 누구든 의식주 걱정을 하며 살 수밖에 없다. 또 의식주를 위해 일하는 인생을 살다가 생을 마감할 수밖에 없을 것이다.

종교를 앞세워 욕심을 채우려 한 십자군 전쟁, 그 결과 상처받은 인격들, 그래서 하나님을 외면하는 육체가 된 사람들, 화평을 깨고 진리나 정의를 명분화하며 분쟁하고 격렬히 싸우는 것은, 결국 누가 승리를 하든 많은 상처를 남기고 모두 패배자가 되게 할 뿐이다.

역사는 끊임없이 전쟁의 지울 수 없는 상흔을 증언한다. 문제는 인간은 역사를 반복할 뿐 역사를 통해 배우려 하지 않는다는 것이다.

그러나 창조주이시며 우주 운행자이신 하나님은 오랜 역사의 흐름 속에 변함없이 개입하시는 분이다. 긴 역사 속에 그리스도로 오실 예수님을 약속하시며, 때가 차서 예수 그리스도를 나타내 보여주셨다. 우리는 때를 절제하며 기다리거나 때가 되어 계시하시는 하나님의 일하심을 분별하지 못하는 경향을 가진 존재들이다. 다시 오실 것을 약속하신 주님의 오심을, 절제하며 기다리는 준비된 자에게 넘치는 은혜를 주시길 기도한다.

지슈카가 체코 영웅으로 추앙을 받는 것은 종교적 입장 외에 외세의 침입을 막아낸 독립투사의 이미지가 강하기 때문이다. 십자군을 동원해 후스파를 공격한 교황 마르티노 5세와 신성로마제국 황제인 지기스문트는, 체코의 입장에서는 로마와 독일로 상징되는 침략자이다. 반면, 지슈카는 민족의 독립과 약자로 대표되는 노동자와 농민을 위해 싸운 투사이다. 이런 이유에서 스메타나는 조국의 자연과 역사와 전설을 칭송하는 내용으로 한 연작 교향시를 타보르를 배경으로 작시했을 것이다.

우리는 박물관에서 연결된 지하도시로 헬멧을 착용하고 들어갔다. 북한이 파놓은 땅굴에 들어갈 때와 굉장히 다른 기분이다. 동굴 곳곳에 곡물 저장소, 가축 저장소, 예배처소가 있고, 지하 터널은 지상의 각 주택으로 연결되도록 건설되었다. 이곳은 본래 묘지였던 곳이다. 그러나 후스파에 의해 은신처로, 예배와 공동생활의 공간으로 사용되었다. 마치 영화의 한 장면 속에 들어온 느낌이었다.

지하에 이렇게 넓은 공간이 있을 수 있다는 것도 신기하고, 그물망처럼 거대하게 지하가 연결될 수 있다는 것도 신기할 따름이었다. 지하 동굴이라고 하지 않고 지하도시라고 불릴 수밖에 없는 거대한 땅속 생활터전이다. 동물들도 이 지하에서 함께 기거한 모양이다. 우리가 관람한 곳은 일부인데도 미로로 연결된 아주 넓은 공간이다.

밖으로 나와 광장을 지키고 있는 지슈카의 동상을 다시 새로운 마음으로 바라본다. 한쪽 눈에 안대를 하고 있는 지슈카의 고된 인생의 무게가 각 사람마다 감당하며 살아가는 인생의 무게일 게다. 그래서 모든 사람의 사소한 삶들이 다 소중하고 존중받아 마땅한 삶이다. 상대에 대한 배려와 존중은 자기 절제와 양보가 주님의 자녀로서의 특권이라는 의식 없이는 쉽지 않은 일이다.

누구든 존중받기를 원한다. 그러나 상대를 먼저 배려하며 존중하는 것이 '특권'이라는 것은 쉽게 간과해 버린다. 자기 삶에 책임을 지며 다른 사람을 배려하기 위해 온유한 마음으로 절제하며 기다리는 것은 누구에게나 어려운 일이다. 이것은 저절로 되는 것도 아니고, 성령 충만 받아서 지속될 수 있는 것도 아니다. 스스로 십자가 복음에 뿌리를 두고 연습하며 주님의 마음과 삶을 배우고 채워 나갈 때에야 가능해진다.

누군가를 무시하는 것은 그 존재를 무가치하게 여기고, 없다고 간주하는 것이다. 다른 사람을 섬기는 것은 그를 인정하는 것이요, 자신의 자유를 적극적으로 사용하는 것이다. 우리 모두는 자유를 넉넉한 마음으로 상대를 위해 사용할 수 있는 특권을 누리는 지혜가 필요하다.

어느덧 점심시간이다.

카타콤 식당에서 식사를 한다. 숨어 사는 고통들과 함께 신앙을 지키며 공동체를 세우는 타보르 지하도시의 애환이 가슴을 먹먹하게 한다.

식당의 언저리에 식당 주인인 듯한 얼굴이 액자에 걸려 있다. 약간은 머리가 쭈뼛하게 뻗어 있다. 그래서인지 조금은 저항감이 느껴진다. 정의가 메마른 세상에 대한 저항감일까? 해외생활에서 오는 고달픔일까? 유럽에서 가이드를 하거나 식당을 하는 사람들 대부분이 석사나 박사 학위를 가지고 있다고 한다. 공부를 하고 좋은 대학에서 훌륭한 제자를 양성하려는 계획이었으나, 자리가 나지 않아 귀국을 포기한 사람들이 많다는데 이분도 그런 분일까?

산다는 것은 참 녹록지 않다. 그래서 인생은 더 깊은 맛이 있기도

하다. 자기 뜻대로 되는 인생이 아닌 것이 힘들고 지치고 냉소적이 되게도 하지만, 인생의 가치를 더하는 진지한 질문 속으로 초대하는, 하나님의 무한한 지혜의 세계 속으로 이끄는 따뜻한 손길이기도 하다.

고통은 인격을 다듬는 하나님의 지혜다. 절제를 배우고 품을 수 있는 사람, 사랑이 실제 삶으로 나타나는 사람으로 지어져 가는 터전이 '고통'이라는 반갑지 않은 '선물'이다. 고통으로 절망하고 냉소적이 될지라도, 이 역시 끝이 아닌 하나의 과정이다.

로마서 5장은 인생의 진미의 말씀이다.

"환난 중에도 즐거워하나니 이는 환난은 인내를, 인내는 연단을, 연단은 소망을 이루는 줄 앎이로다 소망이 우리를 부끄럽게 하지 아니함은 우리에게 주신 성령으로 말미암아 하나님의 사랑이 우리 마음에 부은 바 됨이니 우리가 아직 연약할 때에 기약대로 그리스도께서 경건하지 않은 자를 위하여 죽으셨도다."

식당 주인일지 모르는 액자 속의 인물에게 우주를 운행하시는 부드러운 성령님이 주시는 평화가 있기를 기도한다.

식사를 마친 이들은 다시 지상으로 올라와 정원에 삼삼오오 모여 이야기도 나누고 사진도 찍으며 잠깐의 자유를 누린다. 그리고 다시 버스를 타고 체코의 농촌지역을 지나 오스트리아로 향하고 있다. 모든 풍경이 한가롭기 그지없다. 온통 산인 우리나라와는 너무나 다른 나라다.

산으로 둘러싸인 분지인 원주에 사는 나에게는 마냥 펼쳐진 평원은 아무리 많이 보아도 그저 신기하기만 하다. 물론 나는 산이 많고 산세가 험한 강원도가 좋고 치악산이 보이는 원주가 좋다. 산은 평원이 주지 못하는 든든함이 있다. 해가 내려앉을 때 산 그림자가 산을 덮는 모습 속에서 난 평안을 느낀다.

체코는 개인별 소득은 우리나라에 비해서 낮지만, 식생활에 필요한 기본생활비도 적게 들고 사회주의의 영향으로 세금이 많이 부과되어 노후 걱정이 없다고 한다. 체코 사람들의 모습 속에는 각박하고 분주하기보다는 어떤 여유로움이 있다. 좋은 직장과 집을 갖고자 하는 열망이 그들 속에 있다고는 하나 경쟁하고 경쟁하는 우리와는 뭔가 다르다.

우리는 소득이 꽤 되는 사람도 그렇지 않은 사람도 생활비와 자녀 양육비 및 교육비, 게다가 노후생활에 대한 걱정까지 하며 늘 긴장하고 팍팍하게 쫓기며 살아간다. 내일 일은 내일이 염려할 것이요 한날의 괴로움은 그날로 족하다는 말씀은 늘 그림의 떡같이 대하고 있다.

세상의 힘은 뭐든 더 소유하라고 한다. 더 갖는 것이 힘 있는 것이고 멋진 것이라고 여러 가지 추임새로 우리를 유혹한다. 그래서 쉽게 성취지향으로 빠져든다. 성취지향의 삶이 존재지향의 삶으로 전환되면 경쟁과 스트레스에서 벗어나 좀 더 여유롭게 살 수 있지 않을까?

하나님은 "나를 닮으라, 내 안에 거하라, 내가 너의 아비다, 나와 함께하자" 하시는데, 그런 주님의 음성에 마음을 두기보다, 뭔가 성취하여야 하고 잃지 않아야 해서, 우리는 비교하고 경쟁하며 스스로의 늪에 빠져 늘 불안하고 고통스러워한다. 내 마음과 삶도 오직 주님 안에 거하는 즐거움과 넉넉함을 누릴 수 있기를 소망해 본다.

우리는 스위스 개혁자들을 만나기 위해 가는 길에, 중간 경유지인 오스트리아 잘츠부르크에 있는 미라벨 정원으로 향하고 있다. 지금까지 지나온 거리와는 달리 산들이 보인다. 저 멀리 눈 덮인 산들이 마냥 새롭다. 여름에 눈을 볼 수 있다는 것이 더없이 좋다. 알프스 산맥을 가장 많이 가진 나라가 오스트리아다. 마치 눈 쌓인 산에서 뛰어다니며 누군가 요들송을 부르고 있을 것 같다. 나는 동화 속 감상에 젖어든다. 상상만 해도 머리가 가벼워지고 가슴이 밝아진다.

To, 오스트리아, 알프스 아래

Travel

12.
오스트리아, 알프스 아래

 잘츠부르크

오후 일정은 관광이다. 〈사운드 오브 뮤직〉에서 마리아가 미라벨 정원 분수대 앞에서, 또 분수대를 배경으로 폰 트랩 가문의 아이들과 "도레미 송"을 부르는 모습이 뱃속과 귀를 간지럽힌다. 입술이 벌어지고 마음까지 경쾌하다. 오스트리아로 오면서 우리는 버스 안에서 영화를 보았다. 영화가 다 끝나기도 전에 미라벨 정원에 도착했

다. 영화 속 실제 현장이 눈앞에 있는데, 영화를 마저 보지 못하는 것이 아쉽다. 인간의 생각과 마음은 묘한 구석이 참 많다.

정원에 들어와 거닐다 보니 저 멀리 위쪽으로 호엔잘츠부르크 성이 보인다. 요새다. 성이 있는 곳이 구시가지다. 저곳도 가보게 될 거라는 기대로 우선 아름다운 미라벨 정원을 마음 가득 담으려 두리번거린다. 정원은 분수와 조각상들, 곱고 예쁜 정원수와 꽃들, 걸을 수 있는 길들이 어우

러져 단아한 미소를 보내고 있다. 미라벨은 '아름다운 전경'이란 뜻이다. 이름이 참 잘 어울리는 정원이다.

17세기 정원으로, 1606년 볼프 디트리히 대주교가 사랑하는 여인 살로메와 자녀들을 위해 만든 정원이다. 대주교의 힘이 얼마나 대단하였는지를 증언하는 커다랗고 멋진 정원이다. 동시에 그 뒤에 숨어 빛을 보지 못하는 많은 평민들의 짐이 아스라이 가슴 속으로 스며들어온다.

이 정원의 본래 이름은 알테나우였다. 그러나 후임 주교인 마르쿠스 시티쿠스가 미라벨로 개칭했다. 이 정원도 1818년 화재의 아픔에서 재건된 것이다. 지나간 많은 시간이 있다는 것은 시간의 질곡 속에 아픔과 어둠도 늘 있는 것이 범죄로 타락한 세상의 예외 없는 실제다.

꽃밭에 수놓아진 조각상들과 분수가 어우러진 정원에서 영화 속의 한 사람이 된 것 같은 마음으로 '도레미 송'을 흥얼거려본다.

줄을 이루고 있는 청록의 나무 사잇길, 줄기 식물들의

터널, 푸르른 잎들이 만들어낸 그늘이, 뜨겁게 쏘아대는 태양빛과 시간에 쫓기는 마음을 식혀 준다. 나무 아래 의자에서 빛을 피해 앉아 이야기를 나누는 모습들이 정원의 풍미를 더한다. 둥그런 인공샘물 안에는 자연석 위에 하늘을 날듯이 앞발을 높이 치켜든 페가소스 청동상이 맑은 창공을 바라보게 한다.

12. 오스트리아, 알프스 아래

'아, 시원하고 좋다.'

끝없이 펼쳐진 하늘 보자기에 자수를 놓은 듯한 기분이다.

내가 태어난 해에 '사운드 오브 뮤직'이 촬영된 곳, 미라벨 정원에서 등을 돌리고 있다. 구시가지 관광을 위해서다.

구시가지의 모차르트의 생가로 향한다. 이곳에서는 해마다 모차르트 기념 음악축제들이 열린다. 모차르트 생가가 있는 지역에는 시청과 성당이 있고, 고지에는 호엔잘츠부르크 성이 있다. 다른 많은 유럽의 성들처럼 요새다. 이 지역은 귀족들만 사는 지역이었다.

가는 길목에서 20세기 최고의 지휘자인 카라얀의 생가가 먼저 우리를 맞는다. 잘츠부르크 음악제 총감독을 한 지휘자이다. 대문 안쪽 정원 옆에 지휘하는 화사한 얼굴의 카라얀의 청동조각상이 있다. '그 앞의 꽃들이 악사들일까?'

모차르트 시대의 집들이 잘 보존되어 있다. 귀족이 아닌 이방인 출입에 폐쇄적인 듯 좁은 골목길이다. 거리 중앙에 관광객들의 발걸음을 붙들어 놓는 집이 있다. 흰줄무늬를 한 붉은 깃발, 오스트리아 국기가 길게 아래로 늘어져 있어 눈길을 끈다. 진한 노란색 건물에 하얀 창틀을 한 이 집은 모차르트의 생가임을 알리는 황금색의 'Mozarts geburtshaus'라는 글씨도 붙어 있다. 모차르트가 1756년 1월 27일 출생한 집이다. 그의 가족들이 1773년까지 여기서 살았다고 한다.

지금은 상점이다.

표면은 달지만 속은 씁쓸한 맛을 내는 모차르트 초콜릿, 3단으로 된 것도 있다. 그의 인생 말년을 관도 없이 매장된 씁쓸한 인생을 상징하는 초콜릿이다. 모차르트와 초콜릿이 사실 무슨 관계가 있을까만 상점에는 현대인이 좋아하는 초콜릿들이 즐비하다.

모차르트는 상품이다. '모차르트', '모차르트' 글씨와 그의 모습이 여기저기 보인다. 유럽은 역사와 문화를 상품화하여 사람들을 끌어들이고 있다.

문맹이 많던 시대여서 생긴 문화일까?

간판들은 상점의 내용을 담은 독특한 조형물로 설치되어 있다. 게트라이데 거리의 그림 간판을 보는 것도 재미있다. 우리는 시청 앞을 통과하여 호엔 요새로 향한다.

평민들과 귀족들이 사는 지역 사이에는 강이 흐른다. 평민들이 이 지역에 접근할 수 있는 연결고리는 나룻배였다. 나룻배가 1주일에 한 번씩 장날에 물건을 판매하러 왔다. 지금은 다리가 놓여서 누구나 드나들 수 있다. 관광객들도 이 다리로 마음껏 드나들고 있다. 그중에는 하나님을 더 알고 싶고 사랑하고 싶은 나도 있다. 안다는 것과 사랑하는 것은 함께 갈 수도 있고 그렇지 않을 수도 있다. 하나님을 우리는 다 알지 못하고 다 이해할 수도 없다. 그래도 마음을 다해서 사랑하는 것은 가능할 것이다.

벌써 요새 안이다.

귀족들인 가톨릭 교인들은 30년 전쟁에서 자기들을 지키기 위해서 성을 건축하였다. 이 성이 호엔잘츠부르크 요새다. 성은 수백 미

터 높이에 있다. 지금은 성을 올라가는 산악열차 패스통스반이 우리를 태우고 일순간에 휙 올라간다. 이 높은 곳에 노천카페가 있다. 성곽 아래로 펼쳐지는 모습에 저절로 탄성이 터져 나온다. 구시가지와 신시가지를 나누는 잘자흐 강이 유유히 도시를 끌어안듯이 굽이굽이 흐른다. 푸르른 산과 그 아래 마을들, 그 마을을 끌어안은 듯 곡선을 이루며 흐르는 강, 이 모든 모습을 담은 푸른 하늘, 구시가지 전경이 한눈에 보인다. 바로크 양식의 중세시대 건물들이 즐비하다. 타임캡슐이라도 타고 시간여행을 온 것일까?

계단을 따라 걸어 올라가니 대주교들이 거주하던 황금의 방과 박물관이 있다. 이 성에는 잘츠부르크의 황소라고 불리는 200개의 파이프로 된 오르간도 있다.

성 뒤쪽은 어깨를 세우며 가슴을 넓게 펼치게 하는 저 멀리 만년설의 알프스 풍광이 파노라마처럼 펼쳐져 있다.

가까이의 풍광은 노란녹색과 청록색이 어울려 눈을 상큼하게 한다. 멀리 설산이 보인다. 하늘과 땅을 구분하는 하얀 설산 아래 조용하게 자리 잡은 삶의 터전들이 평화롭다.

고색창연한 도시는 하얀 눈 덮인 알프스를 더 정겹게 보이게 한다. 든든하고 널찍한 알프스 아래의 숲과 평원, 마음을 따뜻하게 해주는 불그스레한 뾰족 지붕들, 가까이 보이는 햇살에 빛나는 하얀

벽을 한 건물과 어울리는 잔디와 숲들, 한없이 이곳에 머무르고 싶어진다.

저곳 어딘가에 '사운드 오브 뮤직'에서 나오는 아름다운 자연들이 숨 쉬고 있겠지 생각하며 마리아가 자유롭게 노래 부르며 뛰어다니는 모습을 상상해 본다.

그녀가 수녀생활을 했던 논베르크 수녀원이 보인다. 하얀 긴 탑기둥 위에 붉은 지붕이 마치 한 줄기 싹이 길쭉하게 난 양파 같다. 저곳이 마리아에게는 얼마나 답답한 곳이었을까? 이 수녀원은 독일어권에서는 가장 오래된 수녀원이다. 한번 가보고 싶은 곳이다.

나도 한때 수도 생활이나 공동체 생활에 관심이 많았다. 지금도 여전히 세미 공동체에 대한 마음을 가지고 있다.

어느덧 해가 소리 없이 멀어져 가고 있다.

가이드의 목소리가 들린다.

단체촬영을 한다고 모이라고 한다. 붉은 석양빛과 굽이진 강물, 양편의 마을들이 화가의 손에 멋들어지게 채색된 한 폭의 수채화다. 이 멋진 모습을 보여

12. 오스트리아, 알프스 아래

주는 성을 두고 떠나야 한다.

나는 자그마한 교회를 건축하여 유지하는 데 끊임없이 보수하며 보듬는 손길을 요구한다. 온수 배관이 터졌지만 수리비가 많이 들어 수리를 미루고 있다. 이 거대한 성의 긴 역사 속에는 얼마나 끊임없이 보듬는 손길이 있었을까? 그 많은 손길들이 참 고맙게 느껴진다. 구시가지 어디서든 보이는 이 요새는 완전 철옹성이다. 그래서인지 한 번도 점령당한 적이 없는 성이다.

우리는 요새를 내려와 시청 앞 돔으로 된 대성당인 성페터 성당으로 가고 있다. '사운드 오브 뮤직'에서 마리아와 가족들이 합창이 끝나고 스위스로 도망가기 전에 몸을 숨겼던 곳이다.

안으로 들어가니 천장에서 다른 곳에서 볼 수 없었던 하얀 바탕에 은은하게 느껴지는 채색이 놀랍도록 정교한 천장화가 있다. 마음을 부드럽게 하는 색감이다.

벽에도 벽화가 있다. 유럽 어디를 가나 건축양식과 조각품들, 성화나 그림 장식들, 흉내 낼 수 없는 화려함이 가득하다.

자리에 앉아 마음을 가다듬고 감

사 기도를 드린다. 예수님은 내 집은 기도하는 집이라고 하셨는데, 어느새 성전을 둘러보기에 바쁜 마음인 것 같다.

나오는데 출입구에는 바구니를 들고 있는 분이 "헌금, 헌금" 하며 우리를 바라본다. 왠지 궁색해 보인다. 국민소득이 높은 이 나라에서 관광 수입으로 성당 유지를 해줄 법도 한데, 돈이 없어서 보수에 어려움을 겪는다고 한다. 적은 돈이라도 후원하면 좋을 텐데, 빈손으로 들어가 어쩔 수 없이 그냥 나온다.

레지던츠 광장에 삼각대 같은 버팀대 위에 황금색의 커다랗고 둥근 조형물이 있다. 그 위에 한 소년이 서 있다. 밝은색 상의에 어두운 색 바지를 입고 차려자세와 유사하게 손을 내리고 있는 소년, 2007년에 어떤 조각가가 모차르트의 어린 시절을 형상화한 것이다.

어느덧 긴 하루 해가 스르르 넘어가고, 우리 일행은 함께 저녁 식사를 하고 숙소로 향한다. 발바닥이 면도칼로 그은 듯이 슬쩍 찢어졌다. 너무 많이 걸은 탓이다. 살짝 불편하다. 많이 걸으면 발바닥이 찢어질 수도 있다는 새로운 사실을 경험한다. 어제는 늦게 귀가하여 잠을 거의 자지 못했다. 오늘은 잘 수 있기를 기대해 본다.

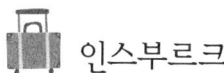 인스부르크

저 멀리 산 위에 우뚝 자리한 요새가 마치 잘자흐 강 끝에 있는 듯 보인다. 큰 요새라고 하나 알프스에 비하면 한 조각에 지나지 않는다. 요새 뒤의 알프스 산이 마치 영원토록 끝없이 긴 팔을 벌리고 있을 듯 버티고 있다. 강 양옆의 숲은 구도시와 신도시를 보호하려

12. 오스트리아, 알프스 아래

는 듯이 감싸 안고 있다. 날씨 탓인지 숲은 어둡게 보인다. 가까운 하늘은 구름이 검지만 멀리 보이는 하늘은 햇빛을 받은 맑은 창공이다.

하룻밤을 잘츠부르크에서 보냈다. 오늘은 스위스 취리히로 가는 도중 인스부르크 관광을 하는 일정이다.

만년설 아래 해를 업고 있는 어두운 산, 그 아래의 자그마한 동네들, 그 속에 자리한 하얀 벽들의 집, 마을마다 자리한 뾰족한 첨탑의 교회들, 그 앞에 펼쳐진 드넓은 벌판은 푸르름과 황금색이 번갈아 있다. 밀과 보리가 익어가고 있는 걸까? 토지 안식년을 지키고 있는 걸까? 북이스라엘은 앗수르에, 남유다는 바벨론에게 넘겨진 구약성서 이야기가 떠오른다. 70년의 포로기간이 안식년을 지키지 않은 횟수만큼이었던 것을 보며 놀랐었다. 70년간 약속의 땅에 휴식을 주신 하나님, 사람도 땅도 쉼이 보약이다.

어느새 하늘은 점점 밝아지고 그 아래 산도 밝은 모습으로 미소 짓는다. 독일과 달리 높은 산이 계속 보이는 길을 가고 있다. 산이 있어서 참 좋다. 나는 평지보다 산악지대가 좋다. 산중턱 안개가 몽환적이다. 산 아래 싱그러운 들판들, 겸손히 자리한 마을들이 쉼 없이 나타났다 사라진다. 머물러 있고 싶은 마을들이다. 어머니 품속 같은 대지, 그 싱그럽고 푸근한 품속에 드러누워 하늘을 바라보다 어느새 스르르 눈이 감겨 잠에 빠져들고 싶다. 무한한 공간 속의 안락한 숨결이 내 안으로 쑤욱 들어올 것 같은 기분이다. 사람의 삶이 욕심을 버리고 예수님을 닮아가는 하루하루를 살다 보면, 누군가에게 만나고 싶고 머물고 싶은 존재가 되고 있을 게다.

고속도로 휴게소는 역시 우리나라가 최고다. 휴게소 앞마당에는 우리나라 원두막 같은 것이 있다. 정감이 느껴지는 원두막이다. 물은 사먹어야 하고 화장실은 유료다. 이런 유럽의 문화가 영 익숙하지 않고 불편하다. 게다가 화장실이 깨끗하지도 않다.

출발한 지 2시간이 조금 더 지나서 '인 강에 걸쳐 있는 다리'라는 뜻을 가진 인스부르크에 도착했다. 동계올림픽을 두 번이나 치른 오스트리아 최대 알프스 도시. 6월인데 어디서든 눈으로 덮인 알프스를 볼 수 있다. 건물 위, 건물 사이사이로 보이는 흰 설산은 마치 구름 같다. 하얀 구름 같은 산이 하늘과 마을을 하나로 이어주고 있다. 하얀 도시다. 알프스를 상상할 때 싱그럽고 밝은 들판과 꽃들을 동시에 떠올려본 적이 없다. 온통 흰 눈으로 뒤덮인 알프스만을 떠올린 내 모습이 얼마나 단편적이었는지를 새삼 느낀다.

알프스 산 아래에 자리한 아기자기한 도시, 산의 정상 가까운 능선과 골짜기들이 스며든 듯 쌓인 하얀 눈으로 우리를 매혹한다. 낮은 땅에는 꽃이 피어 있고 높은 땅에는 눈이 쌓여 있다. 사계절을 동시에 품고 있는 도시다. 인 강은 만년설이 녹아 내려 흐르는 물이다. 그 물은 어떤 느낌일까? 발이라도 담그면 그 차가움에 심장까지 쫄깃해질까?

인스부르크에 도착한 우리는 마리아 테레지아 거리로 향한다. 번화가이다. 개선문에서 마리아 테레지아 거리의 끝쪽을 바라보는 마음으로 걷고 있다. 너무 화려하지도 않고 그렇다고 초라하지도 않은 우아한 건물들이 양옆에 즐비하게 있다. 건물마다 철제로 멋을 내 실물 모습으로 디자인된 간판들이 볼거리를 제공한다. 오스트리아 게트라이데 거리와 같은 간판들이다. 마리아 테레지아 거리의 성 안나 기념탑은 구시가지와 신시가지가 만나게 되는 곳이다. 거리는 여행객들로 북적인다.

마리아 테레지아 거리에서 이어지는 좁은 프리드리히 거리에는 황금지붕 모양으로 벽면의 한 공간을 장식한 집이 있다. 보통 황금지붕 집이라고 칭한다. 합스부르크가가 겨울 별장으로 사용한 호프부르크 궁전과 붙어 있는 5층 건물로 발코니가 있는 황금지붕 집이다. 지금은 박물관으로 사용되고 있다. 황금지붕은 막시밀리안 1세가 권력을 과시하기 위해 건축한 발코니 지붕이다. 그는 마리아 비앙카와 이 궁전에서 살았다. 결혼식을 계기로 2,657개의 조각에 도금을 하여 황금지붕을 입혔다고 한다. 이름만 들으면 건물 전체를 덮고 있는 지붕이 황금인 것 같은데, 단어가 주는 뉘앙스와는 참 다른, 발코니 지붕만 황금 도금을 입힌 것이 조금은 생뚱맞아 보인다.

막스밀리안은 1493년부터 1519년까지 재위한 왕이다. 우리나라는 연산군에 이어 중종이 왕으로 있던 시기다. 우리나라의 경복궁과 비교하면 격이 좀 낮아 보이는 건축물이다. 유럽의 왕실 가문 중 가장 영향력 있는 합스부르크 왕가의 대표적인 건물인데, 궁전이라고 생각하기에는 평범해 보인다. 그래도 역사적 의미 때문인지, 황금 지붕 때문인지 인스부르크의 상징이다.

5층 정도로 보이는 건물 외벽에 삼각뿔의 뿔을 잘라 벽에 붙인 듯이 황금색 지붕모양이 입체적으로 튀어나와 있다. 원 지붕 아래 약간의 간격을 두고 벽면에서 시작되어 4층의 상단까지 자리를 차지하고 있다. 발코니 폭도 그리 넓지 않다. 지붕 모양 아래 발코니 공간은 가느다란 네 개의 기둥이 지탱해 주고 있다. 이 발코니에서 황제가 거리에서 벌어지는 행사를 지켜보았다고 한다. 발코니에는 황제와 부인들, 재상과 광대, 무희들의 모습과 문장이 있다. 그 아래로 2층 바닥까지 높이의 벽화는 중앙을 향해 긴 창을 들고 있는 병사로 보이는 남성이 몸에 달라붙은 옷을 입고 서 있는 모습이다. 위층의 발코니 벽화가 좀 더 정교하게 그려진 듯이 보인다.

이 벽화가 프레스코화라고 불리는 그림 같다. 벽에 석회를 바르고 석회가 마르기 전에 그림을 그려서 자연스럽게 벽에 스며들게 하는 기법의 그림, 벽을 철거하지 않는 한 오랫동안 보존되는 장점을 가지고 있다. 벽화는 지금까지 본 그림들 중에 가장 정교하지 않은 그림이다. 기법상의 특징이 정교하게 그리기 어려운 것이려나 생각하며, 아래로 시선을 향한다. 아래는 6개의 왕관과 방패모양이 조각

되어 붙어 있다. 각 지방의 문장인 것 같다.

황금색 지붕을 올려다보고 사진을 찍는 관광객으로 붐비는 곳이다. 나도 셀카로 상을 찡그리며 찍어 본다. 별로 달갑지 않은 어떤 영적 어둠이 느껴진다. 자신을 자랑하려는 교만이 서려 있는 집이어서일까?

이 건물의 사선으로 앞쪽에는 다른 건물들과는 확연히 다른 화려하게 조각된 건축물이 위용을 드러내고 있다. 수많은 꽃 장식을 한 로코코 양식이다. 1700년대 귀족들이 사용한 건물이다.

이곳은 16세기경 합스부르크가의 신성로마제국(962년 오토 대제가 창건하여 1806년 나폴레옹이 폐지하기까지 844년간 존속) 시절 막시밀리안 황제에 의해 정치와 문화, 상업이 발전하게 된다. 마리아 테레지아는 합스부르크 왕가의 여왕으로 오스트리아를 다스렸다. 합스부르크 왕가는 스위스 지방의 막스밀리안이라는 작은 소국의 영주가 벨기에 지역 왕가의 왕녀와 결혼을 하여 순식간에 영토가 넓어지게 된다. 그 후에 왕녀가 죽어 다시 스페인 왕녀와 결혼하여 스페인 일대가 그의 영향력 아래 들어왔다. 또한 스페인의 신대륙 식민지를 통치하게 되면서 오스트리아는 세계 제일의 제국으로 "해가 지지 않는 나라"이기도 했다. 합스부르크 왕가는 각 지역 영주들과 결혼을 통해 영토를 넓혀 유럽 전역을 덮을 정도가 되었다.

이런 가운데 막스밀리안은 오스트리아 황제가 되어 합스부르크 가문을 이루고, 그 가문 출신이 1438년부터 1740년까지 연달아 신성로마제국의 황제가 된다. "다른 나라들은 전쟁을 하라. 운 좋은 오스트리아는 결혼을 한다"는 말을 남기기도 한 가문이다. 막스밀리안의 손자인 칼 1세는 19세에 신성로마제국의 황제가 되어 루터의 종교개혁을 강력히 반대한다.

　버스와 트램 등 대중교통이 쉽게 보인다. 자유롭게 거리를 걷다 보니 SPAR라는 간판이 보여서 온천이 이 안에 있나 했더니 그냥 작고 깔끔한 가게이다. 들어가서 구경하며 더위를 조금 식혔다.
　한눈에 전체를 볼 수 있는 전망대를 올라가면 인 강을 중앙에 두고 설산 아래 형성된 도시 모습이 이색적일 것 같다. 인스부르크를 조망할 수 있는 곳으로 가는 길인 듯 보이는 모노레일 같은 것이 보인다.
　우리는 가까이 있는 야곱 성전으로 향했다. 야곱 성전은 인스부르크에서 가장 아름다운 성전이라고 한다. 그래서인지 사진을 찍으려면 1유로를 내야 하는 곳이다. 성전 외벽에 부조가 있다. '안드레'라고 새겨져 있는 것 같다. 베드로의 형제인 안드레를 형상화해 놓은 것일까? 성전 정면은 붉은색과 금색으로 화려하다. 후면 2층에는 은색의 파이프오르간이 수려한 벽과 창을 배경으로 쭉쭉 천장을 향해 뻗어 있다. 측면에는 우리 주님이신 예수 그리스도께서 십자가에 달린 모습과 양옆에는 성화가 있고, 천장의 장식과 그림들이 섬세하고 화려하다.

12. 오스트리아, 알프스 아래

성전은 하나님께 소속된 사람들이 예배드리는 곳이다. 예배를 드린다는 것은 자기중심이 아닌 하나님 중심으로 살고자 하는 표시다. 하나님 중심으로 사는 사람은 하나님의 사랑을 받아들인 사람이다. 우리를 있는 모습 그대로 맞아 주시고 안아 주시는 하나님의 사랑에 빠져들수록 우리는 누구나 행복과 자유를 느낀다. 이는 자기를 사랑하고 이웃을 존중하는 삶으로 익어가게 한다.

야곱 성전을 방문하고 인 강을 건너고 있다.
왼편으로 아파트 같은 고층건물이 보이고 공사 중인 크레인도 보인다. 버스는 속력을 내고 있다. 인스부르크가 속한 티롤 지방을 통과하는 중이다. 여름에는 휴양과 등산객들이, 겨울에는 스키를 타려는 사람들이 많은 곳이다. 우리가 탄 버스 옆으로 캠핑카가 카라반을 끌고 달린다. 캠핑카와 여유와 낭만도 달리기를 기원하며 달리는 캠핑카를 바라본다.
스위스로 가는 길은 푸른 숲과 눈 덮인 알프스 산이 즐거움을 준다. 산세가 점점 더 험해지고 있다. 더 많은 눈이 산 위를 덮고 있다. 강원도의 높고 뾰족한 산들과 많이 닮았다. 아찔한 협곡의 긴 경사로도 있다. 강원도의 옛 대관령 길을 달릴 때의 아찔함, 한계령을 오르며 숨차하는 버스의 모습이 연상된다. 비명과 감탄이 함께 튀어나온다. 도로변 푸른 초원 위에는 들풀과 하얀 꽃, 노란 꽃이 정겨움을 더한다. 아스라이 보이는 계곡의 저 아래에는 마을길이 있다. 푸른 초장에서 한가로이 소와 양들이 풀을 뜯고 있다.
스위스로 들어가는 국경은 라인 강이 경계를 이룬다. 검문이 다른 곳과 달리 까다로운 분위기다. 숨가쁘게 오른 산길과 달리 어느새 평원이다. 작은 나라 스위스에 이렇게 펼쳐진 평지가 있다는 것이 신기하다. 치솟은 눈 쌓인 큰 산이 보이다가 사라지기를 반복한다.

  4시간이 넘는 긴 시간을 이동하여 스위스 숙소에 도착했다. 새롭고 멋진 자연경관에 마음을 빼앗기다 보니 지루하고 힘든 시간만은 아니었다. 스위스는 오스트리아보다 현대식 건축물들이 많고 깨끗해 보인다. 작지만 강한 나라가 스위스라는 생각이 든다.

  허리도 펴고 목도 이리저리 돌려보며 대충 스트레칭을 한다. 가방도 대충 숙소에 넣어 놓고 저녁을 먹는다. 오랜만에 밝은 저녁에 자유가 주어지는 날이다. 정원으로 나와 여유로운 시간에 무엇을 할까 생각하고 있다. 몇몇 사모님들이 나와서 꽃들 앞에서 사진을 찍으며 좋아한다. 밝고 예쁜 모습으로 사진 찍기에 바쁘다. 한 사모님이 같이 찍자고 하여 이런 경우 사진을 받게 되는 경우는 거의 없지만, 한 컷 함께 카메라에 담아 본다.

  호텔에서 공항까지 가는 셔틀버스가 있다. 조금 걸어 나가면 기차를 탈 수 있는 곳도 있다. 서성이며 있자니 몇몇 분의 목사님들이 나온다. 버스 짝꿍 목사님도 나왔다. 어디로 갈지 계획을 짜서 움직이자고 하는데 한 분이 무조건 기차 레일이 있는 쪽을 향해 간다. 이미 사전 스터디를 하여 움직이는 것이라고 짐작하며 함께 따라 움직였다. 간이역으로 보이는 곳에 다다랐다. 시간과 요금이 우리를 별로 반기지 않는다. 너무 비싼 요금이다. 조사를 했을 것이란 기대를 깨고, 무작정 움직인 것을 따라간 것이다. 다시 호텔로 들어와 셔틀버스를 타고 공항으로 일단 나가기로 했다. 공항은 한산하고 조용하다. 공항과 마을을 둘러보며 스위스를 위한 기도를 하고,

오늘은 그냥 좀 푹 쉬어야겠다.

나는 스위스 하면 시계와 불법자금을 보관해 주는 은행이 먼저 생각난다. 예수님은 재물과 하나님을 겸하여 섬길 수 없다고 말씀하셨지만, 얼마나 많은 자칭 크리스천들이 이곳에 재물을 숨겨 놓았을까. 금융의 중심지라는 표현이 좋은 표현일까? 늘 흑과 백은 공존하는 것일까? 스위스는 화학, 기계, 전자, 금속 등의 산업이 고도화된 공업국가다. 시계 수출 비중은 10% 정도고 화학공업이 40%, 기계, 전자, 금속이 30% 비중을 차지한다고 한다.

내일은 츠빙글리가 활동한 취리히로 간다. 츠빙글리와 칼빈은 스위스를 중심으로 활동한 개혁파이다. 루터, 칼빈, 츠빙글리는 교회 개혁의 중요한 3인이다. 츠빙글리는 독일어를 사용하는 북부 지역인 취리히에서, 칼빈은 불어를 사용하는 제네바에서 개혁운동을 하였다. 재세례파로 알려진 급진적 개혁운동은 취리히에서 독일과 네덜란드로 번져갔다.

To, 스위스, 강가의 도시

13. 스위스, 강가의 도시

 취리히

스위스에서 맞이하는 첫 아침이다. 강가의 도시 취리히로 이동했다. 리마트 강가의 취리히는 츠빙글리의 활동무대다. 그로스뮌스터 교회는 칼빈파 츠빙글리가 목회한 곳이다. 그는 복음 진리뿐만 아니라 사회 전반적인 개혁에 관심을 갖고 있었다.

울리히 츠빙글리(Huldrych Zwingli)는 1484년 1월 1일 스위스 동부 토겐부르크의 작은 마을에서 태어났다. 10세 때, 바젤의 성 데오도르(St. Theodore) 학교에서 3년간 문법학, 수사학, 변증학과 산술, 기하, 천문, 음악 등을 수학한다. 베른과 비엔나 대학에서 고전어와 음악을 공부하고, 20세인 1504년에는 스위스 바젤 대학에서 문학을 공부하며 에라스무스의 사상을 접한다. 그리고 1506년 초부터 신학을 공부하여 신부가 되고 10년간 교구를 담당하여 사역한다. 이 기간에 군종사제로 이탈리아 원정에 참여해 용병제도에 대한 폐해를 경험한다.

프랑스와 동맹관계에 있던 교황은 스위스에 파병을 강요한다. 이에 교황청의 권력 남용을 실감하며, 군종사제로 두 차례나 이탈리아에 갔던 경험으로 전쟁의 비인간적인 속성에 대해 고민한다. 그리고 조국의 자녀들을 죽음에 넘기는 것은 불신앙이며 악한 것으로 외국숭배정신이라고 하며 파병을 공격한다.

그는 인문학자인 에라스무스와 서신을 교환하며 영향을 받고 절친한 사이가 된다. 에라스무스는 신약성경과 교부들에 대한 많은 연구를 하였으며, 인간성을 중시하는 고전문학을 강조하였고, 교회의 폐단을 지적하며 개혁의 욕구를 불러일으키는 역할을 한다. 츠빙글리는 성경과 교부들의 작품을 접하고 스콜라 철학으로부터 떠나 성경연구에 관심을 갖는다. 특히, 바울서신 연구에 몰두한다. 그는 성경은 하나님의 영감으로 된 말씀으로 종교회의나 교부들의 주장보다 그 권위가 높다고 천명한다.

그는 1519년 1월 1일 그로스뮌스터 대성당의 사제가 되어 첫 설교를 한다. 같은 해, 취리히 시민은 흑사병으로 1,500여 명이 사망한다. 츠빙글리도 흑사병에 시달린다. 흑사병으로 인해 신학사상이 진지해졌을 것이라 추측해 본다.

1526년까지 신약성경 전권을 강해하며, 가톨릭 교회의 신앙적 오류와 종교적 남용을 비판하며, 취리히 정부와 함께 사회생활은 물론 교회개혁을 단행한다. 또한, 사순절 금식을 어긴 친구를 변호하면서 성경에서 벗어난 교황의 법령을 비판한다. 성직자의 독신제도가 비성경적이며, 종교회의와 교황이 성경해석을 독점하는 것은 부당함을 주장한다.

이런 츠빙글리의 삶은, 세계를 경영하시며 그 손으로 빚으신 인간을 소중히 여기는 하나님 아버지의 마음에서 나온 것이리라. 진리를 알수록 그가 가진 힘은, 다른 이를 조정하고 이용하기보다 위로하고 격려하며 세워 주는 방향으로 나아가게 된다.

취리히 호수에 도착했다. 백조와 요트들, 잘 다듬어진 잔디와 산책하는 시민들, 아이들과 애완견들이 어우러진 풍광이다. 빙하가 녹아 만들어졌다는 취리히 호수, 인류의 구원자이신 하나님의 아들 예수 그리스도를 십자가에 못 박도록 내어준 빌라도의 유령이 죄책감 속에서 떠돌다가 머물렀다는 높이 2,132미터의 필라투스 산에서 녹아 흘러내리는 물도 이 호수로 들어오는 걸까? 깨끗한 물을 가득 담은 취리히 호수를 보며 녹조 라떼로 불리는 우리의 강들이 여기 호수처럼 맑게 회복되는 날이 오기를 기대해 본다.

유럽 최고의 취리히 공과대학으로 향한다. 사실인지는 모르겠으나, 이 학교는 츠빙글리가 세운 신학 아카데미에서 시작되었다는 얘기를 어디선가 들었던 기억이 난다. 지금의 건물은 1833년에 세워진

건물이다. 학교건물이 든든하니 세계적으로 손꼽히는 명성에 걸맞은 외관과 내부 구조를 가지고 있다. 1864년에 세워진 돔이 품위를 더한다. 부담스럽지 않으면서도 깔끔한 학교 로비로 보이는 곳을 지나 건물을 통과하여 발코니처럼 뻥 뚫린 공간으로 나갔다. 이곳에 앉아 취리히 시가지를 멍하니 바라보면 머리가 맑아질 것 같다. 건물의 모습도, 사람들의 모습도 깔끔하고 여유롭다. 여기에서는 독일의 대학에서 느껴지던 두통이 없다.

츠빙글리는 1523년 청년교육론을 통해 인간은 스스로 신앙을 가질 수 없고 하나님이 주셔야만 가능함을 주장한다. 그러므로 청년들에게 그리스도 안에서만 발견되는 하나님의 의에 대해 가르쳐야 함을 피력한다. 교육에서 중요한 것은 그리스도의 복음을 가르치는 것이며, 성경을 자신의 진정한 근본으로 삼아 성경에서 그리스도를 보고 배워야 한다는 것이다. 지금 이 대학에서는 이런 츠빙글리의 주장이 얼마나 실현되고 있을까? 천연자원이 없는 나라 스위스가 공업의 강자가 될 수 있었던 것은 취리히 공대의 역할이 컸을 것이다. 아인슈타인도 이곳에서 배우고 동시에 가르쳤다. 아인슈타인은 과학이 없는 종교는 장님이며 종교가 없는 과학은 절름발이라고 했다. 과학은 보이는 세계를 대상으로 삼아 연구하는 학문이다. 종교는 보이지 않는 세계와 보이는 세계를 의미 있게 연결하는 역할을 한다. 하나님은 사람에게 하나님의 호흡을 주셔서 보이지 않는 세계를 감각할 수 있게 하셨다. 또한, 인간과 소통하기 위해 먼저 한 사람을 찾아오셨고, 작고 보잘것없는 공동체를 찾아오셨고, 하나님이 어떤 분인지를 알 수 있는 성경을 주셨다.

취리히 시내의 전경이 보인다. 왼쪽으로 뾰족한 첨탑들이 여기저

기 눈에 들어온다. 취리히의 상징이 된 후기 고딕 양식의 쌍둥이 탑 중 남쪽에 있는 탑 아래에는 큰 칼을 가지고 있는 카를 대제의 상이 있다. 거칠고 투박하게 조각된 형상이다. 탑의 정상에 있는 작은 전망대에서 바라보는 취리히의 전경이 아름답다고 한다.

일행과 함께 가파른 내리막길로 발걸음을 재촉한다. 도시를 가로질러 흐르는 리마트 강이 신시가지와 구시가지를 나누고 있다. 이곳은 세잔, 르누아르, 마티스, 파카소 등 유명 화가의 작품이 있는 미술관과 선사시대부터 현대까지의 문화재가 있는 박물관이 있고, 국제축구연맹 FIFA가 있는 곳이다. 교육자 페스탈로치의 출생지이기도 하다. 35만 명 정도의 인구를 가진 도시, 우리나라를 기준으로 하면 작은 중소도시다.

유럽에서 제일 큰 시계가 있는 첨탑의 성 피터 교회가 보인다. 취리히에서 가장 오래된 교회다. 츠빙글리가 설교한 역사적인 장소이면서 취리히의 상징인 웅장한 두 개의 탑이 보이는 그로스뮌스터 교회, 고딕 양식의 뾰족하면서 은은한 푸른색의 첨탑 아래 금빛 시계가 보이는 프라우뮌스터 수도원도 보인다. 이 수도원이 샤갈의 스테인드글라스로 유명한 곳이다.

반호프 거리는 취리히를 대표하는 번화가로 중앙역에서 취리히 호수까지 1.3킬로미터 구간의 도로이다. 중앙역은 건물이 참 예쁘다. 머리에는 스위스 깃발이 중앙에 있고 아름다운 사람의 모습을 한 조각상들, 그 아래 중앙에는 흰색의 동그란 시계와 시계 양쪽에 두 사람씩 서 있는 조각상이 있다. 시계 아래에는 SBB 간판이 있다. SBB라는 글을 보며, "여기가 스위스 은행이야, 방송국이야, 뭐야?"라고 혼잣말을 하는 이들이 있다. 취리히 중앙역이다.

역의 반호프 광장에서 취리히 호반의 뷔르클리 광장까지 걸어서 20분 정도 걸린다. 광장에서 보행자 도로가 이어지고 있다. 우리는 유유자적 흐르는 강을 따라 좌우의 도시 모습을 한가롭게 보며 걷고 있다. 서로 사진을 찍고 찍어 주며 낯선 도시의 전경을 담느라 바쁘다.

걷다 보니, 구시가지에 우뚝 솟아 있는 스위스 최대의 로마네스크 양식의 그로스뮌스터 교회 앞이다. 지금의 건물은 11-13세기에 세워진 것인데, 이 자리는 본래 취리히에서 순교한 세 수호성인의 무덤 터였고, 카를 대제(742-814)가 세운 교회가 있었다고 한다.

신 고딕 양식인 우뚝 선 두 개의 탑은 1700년대 후반에 추가로 건축되었다. 뒷부분에는 하늘을 찌를 듯 바늘처럼 뾰족한 붉은색의 긴 탑이 있다. 이 교회는 취리히의 랜드마크로, 이곳에 있는 중요한 네 개의 교회 중에서 큰 규모다. 앞마당에는 한눈에 교회 건물 전체를 볼 수 있는 작게 주조된 사랑스럽고 귀여운 미니어처가 있다. 교회 출입문은 글씨와 그림으로 구성된 42개의 청동조각이 있다. 성경 이야기를 표현해 놓은 것들이다. 남문에는 츠빙글리의 생애를 담아내고 있는 24조각의 동판이 있다.

건물 외벽에는 하인리히 블링거(1504-1575)가 성경을 품고 있는 석상이 있다. 하인리히 블링거는 츠빙글리의 신학을 받아들여 취리히에서 개신교 목사가 된다. 영국의 헨리 8세와 편지를 주고받으며 개신교 전반에 영향을 준 불링거는 1531년부터 취리히 개혁을 주도한 인물이다.

교회의 남쪽 탑 중간 창문 아래에 왕관 문양의 석조가 있고 그 아래 조금 우스꽝스러워 보이는 석상이 있다. 카를 대제(샤를마뉴)이다. 카를 대제 석상은 지하에도 있다. 왕관을 쓰고 칼을 무릎 위에 가지런히 놓고 앉아 있다. 카를 대제의 모습은 독일에서도 볼 수 있었다. 카를은 게르만족의 이동과 침략의 혼란을 수습하고 유럽을 통일하여 로마 교황으로부터 황제로 임명된다. 독일과 프랑스 사람들 모두 카를 대제를 조상이라고 한다니 유럽에서 존경받는 큰 인물임에 틀림없다.

하나님의 힘은 십자가까지 낮아짐이나 인간은 힘으로 높아지기를 갈망한다. 그가 존경받는 것은 힘 있는 사람의 상징이기 때문일 게다. 예배실에는 돌로 된 세례반이 있다. 둥근 입이 넓은 포도주 잔 같다. 대략 14각 정도의 둥근 모양의 나무덮개로 덮여 있다. 스테인드글라스와 은은한 조명들이 부드러운 곡선의 포근함을 느끼게 한다. 잠시 앉아 있으니 마음에 부드러운 빛이 들어오면서 잠잠함이 스며든다. 독일에서 본 루터교와는 달리 내부에 요란한 조각상들이 없다. 그래서인지 개인적으로는 마음이 더 편안하다. 일행들은 여기저기 앉아서 기도를 한다. 츠빙글리의 치열했던 개혁가의 삶이 있었기에 오늘 우리가 마음 편히 앉아서 기도할 수 있는 곳이 되었으리라.

츠빙글리는 물세례보다는 성령세례가 구원으로 인도하는 수단이라고 보고, 세례는 단지 거듭남의 표시에 지나지 않는 것으로 여겼다. 미사를 통해 죄의 형벌을 없앤다는 가톨릭에 반해, 예수 그리스도의 유일회적인 십자가 죽음만이 죄의 형벌을 소멸시키므로 죄 씻음을 위해 어떤 희생도 필요하지 않다고 주장했다.

여기서 목회를 하면서 츠빙글리는 여러 차례의 토론회로 교회개혁을 위한 입장을 다음과 같이 정리를 한다.

"성경만이 신앙과 생활의 유일한 규칙이다. 그리스도는 유일한 중보자이다. 미사제도, 교황제, 금식제도, 연옥설 등은 비성경적이다."

이로 인해, 취리히 시의회는 1524년 4월 16일 개혁교회 역사상 최초로 복음적 성찬예식이 거행되도록 하고, 6월 15일에는 모든 성상을 제거하도록 명한다.

그러나 교회개혁이 미진하게 진행되자 콘라드 그레벨, 펠릭스 만츠 등은 유아세례를 반대하고, 자유교회 설립을 주장하며, 츠빙글리와 결별하고 과격한 개혁운동을 한다. 이들이 재세례파이다.

또한 츠빙글리는 세례에 관하여, 재세례와 유아세례에 관하여, 참된 종교와 거짓된 종교에 관한 활발한 저술 활동을 한다. 츠빙글리의 활동은 종교적인 측면만이 아니라 스위스인들의 삶과 문화에도 영향을 준다. 참된 복음이 갖는 힘이 문화를 변혁시키는 것이리라. 하나님 나라의 문화로 변혁시키는 복음에 붙들린 사람들을 오늘 우리 시대도 간절히 기다리고 있지 않을까?

 우리는 잠시 자유 시간을 통해 언덕의 린덴호프 공원에서 휴식을 취하고 있다. 의외로 다른 관광객들이 없다. 자전거를 타는 사람들과 벤치에서 기대어 앉아 있는 몇몇 사람들이 보일 뿐이다. 누군가 체리를 기부하여 체리를 먹으며 도시를 바라본다. 도시의 시원함과 어울리는 상큼한 체리다. 이곳은 벤치에 앉아서도 취리히의 강과 마을들이 한눈에 보인다. 어쩌면 취리히에서 도시 전체를 한눈에 가장 잘 볼 수 있는 곳인 듯하다.

 리마트 강 좌우의 선착장과 나무들, 나무 그늘 아래 테이블에 둘러 앉아 오순도순 얘기를 나누며 식사하는 사람들, 강을 가로지르는 다리, 다리 아래의 아치형의 교각들, 강물 위에는 하늘을 향해 날개를 크게 펼치고 높이 날아오르는 새, 구름 한 점 없는 파란 하늘, 파란 하늘 아래 마을을 보호하듯이 서 있는 높지 않은 녹색의 산, 산 아래의 마을들, 강 좌우에 뾰족하게 하늘을 향해 세워진 교회와 수도원 탑들, 탑에 부착된 시계들이 한 폭의 멋진 사진 같다. 물과 어우러진 도시의 모습이 맑고 시원스럽다. 낮은 곳으로 흐르는

린덴호프 공원에서 본 그로스뮌스터 교회와 시가지

물은 하나님이 주신 하나님 마음을 닮은 선물이다.

강의 오른쪽에는 그로스뮌스터 교회가 보이고, 이 교회 앞에는 물 위의 교회라는 뜻의 바서교회가 있다. 이 교회는 1250년에 세워진 교회이다. 리마트 강의 작은 섬에 세워진 교회여서 바서 교회로 명명되었다. 강의 왼쪽에 보이는 녹색의 푸른 뾰족한 탑이 프라우뮌스터 교회인 듯하다. 이렇게 전경을 보는 맛이 참 근사하다. 취리히 대학에서 볼 때보다 훨씬 멋지다.

취리히 시민들은 길드가 강력해지면서 1400년에 황제로부터 자유를 쟁취할 수 있었고, 문화적 경제적 성장이 속도를 내면서 풍요한 도시가 되었다. 재물의 영향력은 참으로 큰 것이다. 그래서 하나님은 사람이 재물과 하나님을 겸하여 섬길 수 없다고 하셨다. 재물을 주인 삼은 사람은 결국 재물을 따르고 쫓아가는 존재로, 많이 가져도 만족이 없는 재물의 노예로 살게 된다. 우주 만물의 주인이신 하나님을 주인 삼은 자는 재물을 종으로 삼고 재물을 부리는 자이다. 이런 사람은 풍성한 인간의 삶을 위한 좋은 도구로 재물을 사용하게 된다. 재물은 재물을 다스리는 사람을 통해 하나님 나라의 문화를 만드는 역할을 하게 된다.

휴식을 마치고 그리 크지는 않지만 다시 와도 좋을 만한 공원을 뒤로하고 경사진 골목길을 또 부지런히 내려가고 있다. 얼마 지나지 않아 아이들 몇 명을 인솔하는 가이드가 오른쪽 바닥 근처에 있는 뭔가를 설명한다. 성령님의 임재가 느껴지는 곳이다. '이곳이 어떤 곳이기에 성령님의 임재가 느껴질까?' 생각하며 바삐 움직이는 중이라 나중에 찾아보겠다는 마음에, 비석과 벽에 부착된 안내판을 사진으로 남긴다. 비석은 땅의 아름다운 빛을 제대로 맛보지 못한

한 어린아기를 애도하는 묘비다. 주후 200년경의 루키우스 아일리우스 우르비쿠스라는 아이가 17개월 조금 넘게 살고 부모 곁을 떠났다. 이 묘비에 처음으로 취리히의 로마 이름이 언급되었다고 한다. 라틴어와 독일어로 묘비에 대한 설명이 있다.

> 죽은 넋들에게
> 여기에 루키우스 아일리우스 우르비쿠스가 누워 있다.
> 그는 1년 5개월 5일을 살았다.
> 황제의 자유민이요, 갈렌 세관의 취리히 세관부서의 책임자인
> 우니오와 아일리아 세쿤디나인 부모가 가장 사랑하는 아가에게

이런 내용이 있는 것으로 보아, 세관의 책임자 부부의 아기가 안타깝게 짧은 생애로 부모 곁을 떠났음을 알 수 있다.

> 오늘
> 걸어서 단지 5분
> 돈의 성체들과 가장 위에 있는 고위 세리들의 사무실로부터
> 린덴호프로 넘어가기까지
> 나무 아래서
> 나이 든 남자들이 체스를 두고

그리고 때로는 나처럼 누군가가 서서
이 비문을 읽고
그리고 생각한다.
비록 우리의 도시에서 세워지고 뚫리고 구멍이 나고 긁어모아질지라도
유리와 철이 완전히 금으로 만들어져도
그럼에도 가장 밑바닥에 누워 있나니
한 죽은 아이와 애도하는 이가
몇백 년이 넘게 흐르도록,

-프란즈 홀러

  죽음을 맞은 것에 대한 슬픔과 그 슬픔과 무관하게 체스를 두는 사람들, 아무리 많은 세금으로 부가 쌓이고 수백 년의 세월이 흘러도 안타깝게 꽃이 피기도 전에 주검이 되어 누워 있는 한 아기, 다시 살아날 수 없음에 대한 깊은 한이 서려 있는 글, 돈보다 생명의 소중함, 돈보다 생명이 주는 기쁨을 프란즈 홀러는 이야기하고 있는 것 같다.

  한 아기의 안타까운 죽음을 통하여 주는 메시지, 돈의 무력함과 허무함이다. 그래서일까? 이곳을 지날 때 성령님의 임재가 두 손에 부드럽게 느껴진 이유가….

  온 힘을 다해 돈을 추구하거나 무의미하게 오늘을 보내는 많은 사람들, 한 아기의 생애를 애도하며 오늘을 슬픔으로 기억하는 사람들, 모든 살아 있는 자들에게 오늘이라는 삶이 돈보다 소중한 생명의 기쁨으로 충만하기를, 인생의 주인이신 하나님이 책임져 주시는

삶을 누리는 기쁨으로 넉넉하게 오늘을 맞이하기를, 나는 오늘 이 시간을 17개월 5일을 살고 간 아기 앞에서 기도한다.

유럽의 교역을 잇는 지역, 중요한 관세국이 있던 취리히의 세관 책임자, 엄청난 부를 가진 이로 황제로부터 자유한 사람, 그러나 사랑하는 아기의 죽음 앞에서는 아무것도 할 수 없는 무능한 아버지, 슬픔에 빠진 아내를 위로할 아무 능력도 없는 남편이어야 했다.

리마트 강 쪽으로 내려오다 보니 바서 교회다.

교회 앞에는 오른손으로 성경을, 왼손으로 긴 칼을 잡고 있는 청동 동상의 츠빙글리가 있다. 성경과 칼을 든 모습이 의아하다. 성경은 하나님의 말씀과 그 말씀을 담은 교회를, 칼은 권력의 상징인 국가기관을 뜻할까? 교회와 국가가 하나님의 주권 아래 있는 공동체로 주님의 주권에 순복해야 함을 표현하는 것일 수도 있고, 전쟁터에서 죽임을 당한 츠빙글리 인생을 묘사한 것일 수도 있을 것 같다.

다시 도심 속으로 내려오니, 두 명 혹은 서너 명씩 흰 셔츠를 입은 직장인들이 식사를 하거나 커피 잔을 들고 자리를 찾고 있다. 자동기계를 바닥에서 무릎을 세우고 앉아 고치는 수리공, 한쪽 무릎을 도로에 꿇고 공사용 노란 차에서 관처럼 보이는 것을 분리하고 있는 사람도 있다. '아! 여기도 땀 흘리는 사람이 사는 곳이구나' 생각한다.

지나가는 트램 안은 한산하다. 거리에는 선글라스를 낀 청소년들이 콜라나 물병을 들고 뜨거운 태양 때문에 상을 약간 찡그리고 걷고 있다. 거리를 구경하다 보니 다시 버스를 타고 이동하기 위해 집합해야 할 시간이다.

　오늘을 우리는 이렇게 살아가고 있다.

　우리는 버스를 타고 몽블랑을 향해 갈 것이다. 가다가 어디선가 늦은 점심을 할 모양이다. 버스를 타고 달려가는 차창 밖 풍경은 넓은 평지, 도시, 농촌마을과 목장들이 끝없이 넓게 펼쳐져 있다. 수채화 그 자체다. 잠시 졸아 보자는 마음으로 눈을 감고 머리를 등받이에 기대 본다.

　어느새 취리히, 베른, 로잔느, 제네바를 잇는 도로를 통해 스위스에서 가장 큰 호수인 레만 호 근처에 도착했다. 레만 호는 스위스와 프랑스의 국경에 있는 알프스 최대의 호수다. 정말 크다. 바다 같다. 호수와 알프스 끝자락이 만나 이루는 풍광이 완전 절경이다. 알프스 산자락과 이어지는 산의 능선들이 구불거리며 길게 줄지어 점점 더 뾰족한 봉우리로 이끌어간다. 겹겹이 이어지며 겹쳐진 산 산 산, 산마다 끝없이 이리 삐죽 저리 삐죽 얼굴을 내민 봉우리들, 그 위로 하얀 밀가루를 흩뿌려 놓은 듯, 푸른 하늘 아래의 구름과 빛의 향연들, 호수 주변의 숲들과 그 숲들 사이사이에 자리한 주택들, 이 모든 것을 품듯이 드넓게 펼쳐진 레만 호, '아~! 멋진 주님의 솜씨'라는 말 외에는 표현할 길이 없다. 저 속에 빠져들고 싶다. 가슴에 다 담을 수도 없는 이 멋진 풍광을 우리는 그저 차창 너머로만 보면서 국경으로 향한다.

　프랑스와 스위스의 국경은 알프스가 지나는 곳이다. 눈앞에 펼쳐

진 만년설에 덮인 산봉우리들의 흰 눈이 눈부시게 빛난다. 갑자기 왼쪽 산에서 온통 희뿌연 누런 안개뭉치 같은 것들이 하늘을 향해 오르기도 하고 도로를 향해 내려오기도 한다. '뭘까? 불이라도 난 것인지, 산사태라도 난 것인지?' 가이드는 처음 보는 광경이라고 한다. 골짜기가 산사태라도 난 듯이 메마른 흙살을 드러내놓고 있다. 어디에 신고라도 해야 할 것 같은 마음으로 지나간다.

가파른 절벽 길, 아찔아찔한 고갯길이 이어진다. 국경을 넘는 것이 쉽지 않다고 생각하며 절벽 아래를 내려다본다. 절벽에는 포도나무 밭이 있다. 비탈진 땅에서 햇볕을 많이 받고 자란 포도 열매들이 높은 당도를 유지하여 맛난 포도주로 익는다고 한다. 달달한 포도향이 피어오르는 기분이다. 멀찍이 눈이 녹아내려 얼굴을 내민 바위 산 봉우리가 보인다. 계곡처럼 보이는 산골짜기에는 흰 눈들이 덮여있다. 흰 눈이 만든 골짜기를 따라 아래로 내려오니 초록의 밭들과 빼곡하게 분지를 채우고 있는 벽과 지붕들이 보인다. 높은 건물이라야 6, 7층 정도다. 도로변에는 납작 엎드린 듯 작은 들꽃들이 띄엄띄엄 자리하고는 배시시 몸을 흔들며 살랑살랑 춤을 춘다.

내 고향 원주도 치악산 아래 형성된 분지다. 20년 전만 해도 10층 이상의 건물은 거의 없던 곳인데 지금은 고층아파트가 빽빽이 자리 잡았다. 한때 원주만은 고층 건물이 없는 특화된 도시로 설계되기를 바랐었는데, 나 혼자만의 꿈이었다.

하늘은 다시 먹구름과 흰 구름 떼로 얼굴을 숨겼다. 검은 구름 때문인지 검게 보이는 덩치 큰 산은 더욱 크고 강하게 느껴진다. 구름 틈새를 비집고 나온 빛살들이 눈 위를 비춘다. 장관이다. 이곳을 넘어가면 목적지인 프랑스 샤모니몽블랑이다. 오후 5시가 조금 넘은 시간, 이제 내리막길이다.

뾰족한 십자 탑을 가진 교회와 그 주변에 깔끔하게 정리된 정원을 가진 가옥들이 보인다. 금세 먹구름으로 덮인 산은 보이지 않고 하늘에서 빛이 쏟아져 들어온다. 초록으로 물든 산들이 밝게 빛난다. 도로변 넓은 들판에 하얀 들꽃들이 나풀거린다.

봄부터 겨울까지 여러 계절이 공존하는 넓은 현실 속에 성냥갑 같은 버스 안에 나는 있다. "지렁이 같은 야곱아"라는 말씀이 떠오른다. 우리 조상들은 무지랭이 같은 인간이라고 인간의 작음과 한계를 표현했다.

지렁이 같은 야곱과 씨름하신 하나님! 자기가 주인 되어 하나님을 뒷방 늙은이 취급한 야곱을 찾아오신 하나님, 이리저리 부딪히고 끌어당기고 밀고 넘어뜨리다 내동댕이쳐 버리면서까지 지렁이의 고집에 금을 가게 하신 지극하심, 지렁이 같은 우리를 위해 우리와 같은 모습으로 오셔서 십자가 사랑으로 마음 깊은 곳에 쑤욱 들어오신 하나님의 깊고 오묘한 지혜와 사랑, 그 사랑이 지금도 한결같이 지속되고 있음에 감사하다.

숙소 가까이에 올수록 산은 높고 더 많은 눈으로 덮여 있다.

하늘, 구름, 산, 눈, 나무, 풀들, 눈사태가 나서 내려오다 멈춰 버린 눈덩이로 덮인 널찍한 골짜기, 검게 보이는 산 뒤에 거대한 흰 눈을 빗자루로 쓴 듯이 옆으로 그어진 빗살무늬 얼룩들, 흘러내릴 듯이 골짜기 골짜기마다 자리한 하얀 떡가루 같은 눈들, 끊임없이 탄성을 자아내게 한다.

샤모니에서 이틀을 머물며 휴식을 취하고 다시 칼빈의 도시 제네바로 갈 예정이다. 내일은 가방을 챙기는 부담이 없는 날이다. 매일 반복되는 가방 챙기기가 늘 익숙지 않고 부담스런 날들이었다.

숨 쉴 틈 없이 달려온 순례 여행길이 너무나 힘들었다고 온몸이 반란을 일으킨다. 멋진 건 멋진 거고 힘든 건 힘든 거다.

'아~, 기진맥진하다.'

스위스를 지나 프랑스, 또 긴 하루가 끝나고 있다. 무거운 가방을 들고 계단 길을 지나 숙소에 가방을 던져 버렸다. 그 유명한 에비앙 물이 공짜로 주어지는 숙소다. 물이 많은 나라의 서비스인가?

잠시 침대에 퍼질러 누워 창을 통해 밖을 보다 자리에서 일어났다. 발을 씻고 옷을 갈아입으며 주변을 돌아볼 설렘에 가슴이 콩닥거린다. 숙소 뒷길을 따라 올라가니 민가와 숙박시설이 길을 따라 띄엄띄엄 이어지고 있다. 길 양옆에는 낯선 들풀과 꽃들이 발걸음을 멈추게 한다. 웅장한 검은 산이 우뚝 버티고 있는 이곳, 나처럼 이

길을 따라 개인적으로 산책 나온 일행이 몇 있다. 어둡고 커 보이는 산의 위력에 눌린 것일까? 조금 올라가다가는 뒤돌아 내려온다. 아빠와 함께 5, 6살 정도의 아이와 초등생 정도로 보이는 남매가 풀로 우거진 들판으로 뛰어가며 재잘거린다. 정겨운 시골 동리 모습이다. 나도 걸음을 돌려 숙소로 향한다.

    요리로 유명한 프랑스에서의 저녁식사는 어떨지? 내일은 일행들과 저 산을 오를 것이다. 위에서 보는 산은 어떤 모습일까? 오늘은 저녁을 먹고 일찌감치 숙소에 들어가 쉬어야겠다.

To, 프랑스, 세계의 명봉

Travel

14. 프랑스, 세계의 영봉

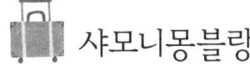 샤모니몽블랑

신선한 바람을 깊이 들이마시며 설산을 바라본다. 고요하고 평화롭다. 샤모니의 아침이다. 길 양쪽의 산장들이 정겹다. 시시각각 변하는 산의 면모가 오늘 우리에게는 어떤 모습으로 다가올까?

인구가 만 명 정도의 소도시, 정식 명칭은 샤모니몽블랑이다. 샤모니몽블랑은 알프스 산맥의 가장 높은 봉우리다. 세계적으로 유명한 등산 근거지, 이 산을 가진 프랑스 사람들의 버킷리스트에 등장하는 산이다. 1924년 제1회 동계올림픽이 개최된 곳, 제1회 유니버시아드 동계대회도 이곳에서 열렸다. 내가 사는 강원도의 평창에서 내년(2018년) 2월에 제23회 동계올림픽이 열린다.

산봉우리가 끝 모를 공중에 매달린 양, 꼭대기 일부를 드러내 보인다. 3,800미터가 넘는 몽블랑까지 데려다 줄 로프웨이를 타기 위해 줄을 섰다. 어려서 들었던 몽블랑 만년필이 갑자기 생각난다.

영국에서 오셨다는 분들이 어디서 왔는지 묻는다. 한국이라고 하면 늘 외국인들은 남한인지 북한인지 묻는다. 그럴 때마다 잊고 있던 분단국가의 국민이란 정체성이 깨어난다. 동계올림픽이 열릴 예

정인 평창이 있는 한국에서 왔다고 하는데, 평창을 몰라서인지 반응은 그저 그렇다.

한동안을 기다려 우리 일행과 또 다른 외국인 관광객들이 로프웨이에 올랐다. 과연 몽블랑 정상을 마주할 수 있을까? 희뿌연 안개인지 구름인지, 하늘을 가린 모습이 궁금증을 더하게 한다. 6월 14일 09시 34분, 나는 밖을 보려는 들뜬 마음에 창가에 바짝 다가가 서 있다. 이럴 때는 키가 작은 것이 장점이다. 산의 능선들이 거대하게 지평선을 이루며 끝없이 하늘 아래로 펼쳐져 있다.

환승을 한 번 하니 바로 수직상승이다. 일각마다 쑤욱 오르는 게 거리감이 다르다. 등산을 하면 얼마나 걸릴지 모를 높이를 순간이동하듯 훌쩍 올라 에귀 디 미디 전망대에 도착했다. 마침내 덜커덩거리는 소리와 함께 문이 열리자 여행객들이 사라진다.

에귀 디 미디는 바늘이라는 의미이다. 뾰족뾰족하니 날카로운 산 모양으로 인해 붙여진 이름이다. 뾰족한 모양이 군락을 이룬 듯이 산 능선을 따라가며 서 있는 봉우리들을 품고 있는 알프스, 이 전망대는 몽블랑을 가장 가까이에서 볼 수 있는 곳이다.

안개가 자욱하다. 일행 중 몇은 어지럽고 속이 울렁거린다고 하며 괴로워한다. 중간 환승지점으로 먼저 내려가려고 로프웨이를 탑승하는 발걸음이 안쓰럽다. 나는 평소 혈압이 낮은 편이어서인지 오히려 이곳이 좋다.

동쪽의 얼음 동굴 끝으로 가니 겨울 스포츠를 즐기려고 안전장비를 갖추고 있는 사람들과 관광객들로 복잡하다. 눈 덮인 가파른 비탈을 오르는 등산가들이 보인다. 자기 힘으로 이 높은 산을 오르는 저들의 기분은 어떨까? 물방울이 몸 여기저기로 떨어진다. 세찬 바람까지 날카롭게 두 뺨을 때리며 지나간다. 바람이 목덜미를 파고든다. 손도 시리다. 춥다!

서쪽을 향해 방향을 돌려 보니 지금까지의 흔적들을 볼 수 있도록 배려한 기록물들이 있다. 스치듯 여기저기를 둘러보고 있다. 나의 풋풋한 20대 시절 섬기던 교회 목사님이 주머니에 손을 넣고 열심히 움직인다. 가이드는 고산 증세가 나타날 수 있으니 불필요한 움직임을 자제하라고 당부했는데, 듣지 못하신 모양이다. 목사님은 키도 크고 풍채가 좋은 분이었는데, 꽤 오래전부터 만보기를 착용하고 늘 움직인다. 그래서인지 오랜 기간 마른 몸을 유지하고 있다. 나는 가이드의 말을 전하고, 전망대로 향한다.

눈앞이 흐릿하다. 그래도 눈앞에 펼쳐지는 풍광에 마음이 빠져든다. 희뿌연 안개 저편에 험하고 거친 암벽으로 된 산들이 우두커니 펼쳐져 있다. 아래로는 끝없는 산군들, 위로는 흐릿한 하늘, 그 사이에 내가 있다. 사방을 두리번거리며 둘러본다.

갑자기 빛이 산을 드러낸다. 순간 이동하듯 안개가 밀려나고 있다. 끝없이 펼쳐진 산의 모습이 들어온다. 가까이 있는 산들은 능선 가까이만 흰 눈이 쌓여 있다. 저 멀리의 산은 만년 설산이다. 흰 산이라는 뜻의 몽블랑이 안개가 걷히면서 듬직한 바위 살을 드러내 보인다. 부분적이지만 몽블랑을 마주하게 되는 순간이다.

어느새 산을 가렸던 희뿌연 것들이 스르르 사라지고 빛살에 그 모습을 드러내는 몽블랑 봉우리, 4,810미터의 봉우리를 보자고 서 있던 일행들이 자취를 감춘 뒤다. '크~아!' 점점 더 많이 더 높게 보인다. 몽블랑은 뾰족한 봉우리가 아닌 완만한 봉우리다. 아직 안개로 봉우리 끝이 눈에 들어오지는 않고 있다, 길이가 40킬로미터, 폭이 10킬로미터의 거대한 풍채의 가장 높은 영봉이다. 유리 전망대의 아찔함과는 다른 광대함이 나를 맞아들인다.

유리 전망대는 바닥과 사방이 유리다. 바닥을 보면 공중에 붕 떠 있는 착시현상으로 아찔하다. 유리 아래로 보이는 아득한 깊이와 절벽이 주는 절묘한 감각을 뭐라 표현해야 할지? 후들후들 다리가 떨리는 사람들은 머리를 만지며 옆 사람에 기대며 유리 전망대를 벗어나고 있다.

카페테리아로 이동하니 몇몇 일행들이 있다. 차를 마시면서 몸을 녹이며 이야기를 나누는 사람들로 가득하다. 원주의 한 목사님이 따뜻한 커피 한 잔을 건네준다. 2년 후에 은퇴한다는 목사님과 사진을 찍고 또 다른 일행들과 이야기를 나누고 엽서를 구입한다. 엽서를 발송해도 좋겠다는 생각만 할 뿐, 행함은 없이 자리를 뜬다.

이제 내려가야 할 시간이다. 중간 환승지점인 플랑 드 레기유에서 일행들을 만나기로 하였다. 내려가려는 행렬이 길다. 탑승하여 창가에 서서 또다시 끝없이 펼쳐진 알프스의 능선들에 마음을 빼앗긴다. 영원토록 든든한 주님의 사랑이 이 산 능선을 통해 흘러나오는 듯하다. 운해 아래 바위산들은 덩어리를 이루며 흰 눈이 계곡 물처럼 골짜기마다 덮여 있다. 그 아래로는 짙은 녹색의 나무들이 산을 부요케 한다.

정상을 포기한 분들이 플랑 드 레기유에서 휴식을 취하고 있다. 사진도 찍고 눈덩이도 만들어 장난을 친다. 산 사이사이의 계곡들, 산 너머 산 너머의 까마득한 지평선이 위에서 보던 것과는 또 다른 위용을 나타낸다. 앙증맞게 작은 들풀들과 선명한 색의 꽃들이 바람에 살랑거린다. 흩뿌려진 듯 놓여 있는 돌멩이들, 이끼와 한 몸을 이룬 바위와 바위산이 어우러져 소소한 즐거움을 준다. 머리 위에 있는 로프웨이로 에귀 디 미디 전망대를 오르는 케이블카가 움직이고 있다. 오솔길도 보인다. 나는 걷는 것을 좋아하지 않지만 알프스 산 언저리와 허리를 트레킹하는 맛이 참 남다를 것 같다.

아빠를 따라 함께 온 중학생쯤 되어 보이는 남학생의 얼굴에는 피곤함이 깊이 묻어 있다. 우리는 소화하기 참 바쁜 일정의 끝자락에 와 있다. 또래가 없이 어른들 틈에서 긴 여행을 하는 중학생에게 이 여행은 너무 버거울 것이다.

빗방울이 뚝뚝 떨어지기 시작한다. 하늘은 검은 구름으로 메워지고 있다. 트레킹을 하는 것도 좋은 추억으로 남을 테지만 지친 몸을 위해 버스를 타고 숙소로 가기로 했다. 오후에는 낮잠도 자고 숙소 주변을 거닐면서 조용한 시간을 보내며 출국한 지 보름이 넘는 시간을 천천히 돌아보아야겠다.

숙소에 걸어놓은 빨래는 전기 건조대로 인해 바짝 잘 말랐다. 침대에서 누워 뒹굴며 끄적거려 본다. 이러다 잠들면 맛있는 낮잠이지 싶다. 깜박 깨어나니, 저녁 6시. 식사시간을 6시로 부탁해 놓았다고 했는데 식당은 도무지 식사할 여건이 아니다. 숙소 주변을 산책하며 마을과 산장들을 기웃거리며 구경을 한다. 부자지간으로 보이는 사람들이 보수공사를 하고 있다. 공사하는 모습이 조금은 각박해 보인다. 노동이 사람을 힘들게 해서일까? 식사시간에 맞추어 급히 오는 일행들이 보인다. 식사시간이 늦어지는 모양이라고 전하며, 눈 덮인 거대한 알프스 산, 요술쟁이 구름덩어리들과 짝을 이루는 바람, 하늘을 신기한 마음으로 마주하며 걷는다.

한 시간은 지났을까? 문득 나 혼자 지각생이 되지 않을까 하여 급히 숙소를 향해 돌이킨다. 일행들이 뜰에서 사진도 찍고 여기저기 흩어져 앉아 담소를 나누는 것으로 보아 아직도 식사 준비는 안 된 모양이다. 성질 급한 한국 사람에게는 영 불편한 스타일이 프랑스 식당이다. 프랑스 사람들에게도 한국 사람의 재촉은 이해할 수 없이 불편할 게다.

우리는 세 살도 되기 전부터 빨리 먹을 것을 재촉 받으며 아가들이 자라고 있지 않은가? 어린이집이나 유치원에서도 아가들이 밥을 늦게 먹는다고 채근을 당하기 일쑤다. 때론 폭력까지 당한다는 언론사의 보도를 자주 접한다. 하지만 단지 그때만 어이없어하고 분노하고 마음 아파한다. 이런 문제들을 개별 어린이집이나 교사 개인의 문제로만 치부해 버린다. 왜 교사들이 힘들게 채근까지 하며 밥을 먹일 수밖에 없는지에 대해서는 들여다보지 않고 지나간다. 우리의 식사 시스템의 근원에 대해서는 관심이 아예 없다. 우리와 프랑스의 식사 시스템은 너무 대조를 이룬다.

긴 기다림 끝에 정말 너무 느리게 나오는 음식들을 먹고는 다시 숙소로 들어왔다. 천혜의 자연을 가진 나라의 여유로움일까? 식사시간으로 두 시간 정도 소요하는 것이 아주 일상적이고 보편적인 그들의 문화를 실감하는 기회였다. 일행 대부분은 아주 느리게 나오는 식사를 마주하는 것이 곤혹스럽기만 했다. 음식을 먹고 나면 그다음 음식이 나오기까지 기다려야 하는 시간이 지루하기만 했다. 우리는 식사를 천천히 하며 담소를 나누기보다는 빨리 마치고 이야기를 나누는 것을 선호하는 문화다.

두 번의 저녁은 느리게 사는 삶, 서두르지 않는 여유에 대해 생각하게 한다. 피할 수 없는 두 번의 긴 기다림의 저녁 식사가 여행을 끝내고 돌아가도 많은 순간 여운을 줄 것 같다.

To. 스위스, 칼빈의 도시

15. 스위스, 칼빈의 도시

칼빈의 도시 제네바

온통 신선한 공기가 가득하다. 어제의 어둡던 하늘은 사라지고 파란 하늘이 밝은 얼굴로 우리를 맞는다. 만년설이 녹아내려 흐르는 강에서 피어오르는 물안개가 다시 산을 감싸듯 휘감으며 올라간다. 저 멀리 뾰족뾰족한 산봉우리에 에귀 디 미디 전망대가 보인다.

우리는 칼빈의 도시 제네바를 향하여 버스에 올랐다. 칼빈은 루터, 츠빙글리와 더불어 종교개혁의 3대 인물이다. 칼빈의 개혁은 제네바를 세계적인 개혁운동의 중심지로 만들었다. 개혁의 선두주자가 루터라면, 칼빈은 신학을 체계화한 신학자요 사상가이다.

버스는 프랑스 동부 끝자락을 지나 스위스 서쪽 끝자락으로 향하여 가고 있다. 넓은 들판과 이어지는 작은 언덕에 있는 마을과 숲, 그 너머에 하늘과 맞닿은 지평선, 여행객이 보기에는 한가롭고 그저

평화롭기 그지없다. 하지만 저들의 삶 속에도 각종 희로애락이 뒤섞여 있는 오늘일 것이다.

파란 하늘 아래 하얀 뭉게구름, 그 사이로 비추는 밝은 빛들의 향연이 구름 아래 대형 석회석같이 보이는 높은 산을 더욱 부각시킨다.

푸른 옷을 입은 산과 그 아래 소곤소곤 모여 있는 집, 숲, 밭, 곧 이어 숲속 위에는 7부 능선부터 녹색 치마를 입고 빵떡모자를 눌러 쓴 듯, 까치머리를 한 듯, 거대한 성벽을 이루는 절벽의 바위산들이 나타났다.

거대한 덩치를 한 바위산이다. 나는 둥글둥글한 산을 보면 멀미가 난다. 거칠고 두툼하고 험악한 산세를 보면 참 든든하다. 내 고향 원주의 산세가 그래서일 게다.

100년 전만 해도 알프스 주변의 사람들은 외부와 단절된 산골생활을 하는 가난한 삶이었다. 가이드의 말에 의하면, 알프스 주변과 스위스는 땅이 박토여서 채소를 심으려 해도 삽이 들어가지 않을 정도로 얕은 표층의 땅이었다고 한다.

산골생활을 하는 그들의 가옥은 1층에는 동물이, 2층에는 사람이 통으로 된 방 하나에서 생활하였다. 또 눈 덮인 긴 겨울에는 땔감으로 산에서 벌목하여 취사와 난방을 했다. 산에는 나무도 많지 않았다.

내가 어린 시절,

벌거숭이산에 나무를 심어야 홍수도 막고 경제부국이 될 수 있다며 나무 심기를 권장하던 박정희 대통령이 떠오른다. 그 시절 우리나라도 산에서 땔감을 준비해 담벼락에 장작을 쌓아 놓고 겨울을 났다. 중소도시에서는 1960년대에도 벌목을 하여 시장에 땔감으로 내다 팔아 생계를 유지하는 이들이 많았다. 우리나라 산들이 지금은 벌거숭이가 아니듯이 알프스와 그 주변도 지금은 푸르른 숲과 초장을 가진 비옥한 땅이다. 영원한 박토도 옥토도 존재하지 않는다는 교훈을 역사와 현실이 보여주는 듯하다.

하나님의 이름으로 일컫는 하나님의 백성이 악한 길에서 떠나 스스로 겸비하여 기도하며 하나님의 얼굴을 구하면, 하나님께서 하늘에서 들으시고 죄를 용서하시며 땅을 고쳐 주신다고 하나님은 약속하셨다. 또 하나님은 눈을 들고 귀를 열어 주의 성전에서 하는 주의 백성이 하는 기도를 보고 들으시는 분이다(대하 7:14-15).

개혁가들과 그 후손들이 악에서 떠나 주님의 얼굴을 구하며 주님과 친밀한 관계 속에서 악을 제거하며 진리를 따라 산 선한 삶이, 노예와 박토를 비옥한 땅과 서로가 서로를 존중하는 문화국가로 변화시킨 힘이었을까? 예수님은 너희가 내 말에 거하면 참 제자가 되고 진리를 알게 되어 진리로 자유케 된다고 하셨는데(요 8:31-32), 하나님의 심장 소리를 들으며 진리를 찾고 진리를 수호하려고 목숨을 건 개혁가들의 발자취를 나는 얼마나 발견하고 있는 것일까?

한 시간 정도 지나자 프랑스 국경을 통과하여 스위스로 들어왔다. 산이 많아 보인다. 버스는 오르락내리락을 반복한다.

제네바는 인구가 20만 명도 안 된다. 그래도 스위스에서는 취리히와 바젤에 이어 3대 도시에 속한다. 국제기구들이 모여 있는 작지만 큰 도시다.

어느새 제네바 바스띠옹 공원(Parc des Bastions)에 도착했다. 공원은 마치 제네바 대학 캠퍼스 같다. 이곳의 대학들은 우리나라처럼 커다란 캠퍼스 안에 거대한 건물들이 배치되어 있지 않다. 각 단과 대학들이 여기저기 마을에 흩어져 있다.

제네바 대학은 칼빈이 설립한 아카데미로, 1559년 6월 2일 개교하여 많은 설교자, 교수, 교사들을 양성하였고, 유럽 전역에 개혁신학을 보급하는 근원지가 되었다. 이곳에서 수학한 자들이 본국으로 가서 개혁신앙을 계승하고 발전시키는 데 기여하였다.

공원에는 유명인들의 흉상이 있다. 그중에는 국제적십자위원회의 창시자인 앙리 뒤낭(Henri Dunant, 1828-1910)의 흉상도 있다. 노벨평화상 수상자인 앙리 뒤낭의 아버지는 시의회 의원이었으며 어머니는 경건한 신앙인이었다. 그는 이런 부모의 영향하에서 칼빈을 존경하였다고 한다. 그의 부모는 소년원에서 자원봉사를 하고 재소자들을 위한 복지에 관심을 갖는 등, 지도층으로서 누리는 명예에 걸맞게 도덕적 의무를 다하는 삶을 살았다. 앙리 뒤낭도 개신교 성도로서 나눔의 실천을 중시하며 환자와 가난한 자들을 구호하는 데 힘썼다. 그는 1884년 영국복음주의자들에 의해 설립된 YMCA(기독교청년연합회) 창설에도 참가하였다.

앙리 뒤낭은 나폴레옹 3세를 만나기 위해 이탈리아 북부를 여행하던 중, 전투가 막 끝난 솔페리노 지방의 한 마을에서 버려진 사상자들의 비참한 광경에 충격을 받는다. 이에 아군과 적군을 차별하지 않고 사상자들을 돌본다. 차별 없는 마음과 돌보는 마음이 곧 예수님의 마음이요 성도의 특권이다. 제네바로 돌아온 후에는 《솔페리노의 회상》이라는 책을 출판하고(1862년 11월), 구호단체와 부상병을 돌보는 의료원과 군목들을 보호하고 의료활동을 보장할 수 있는 국제적인 조약을 체결할 것을 제안한다. 이것이 국제적십자위원회로 발전한다. 원주 혁신도시에는 대한적십자사가 있다.

교육의 아버지로 불리는 아동심리학자인 피아제(Jean Piaget, 1896-1980)의 흉상도 보인다. 대학 시절 시험을 위해 인지발달 과정을 달달 외웠으나, 스위스의 심리학자이며 논리학자로 제네바 대학 교수였다는 것을 이제 알게 된다.

대학 건물 안에도 여러 인물들의 흉상이 있다. 대학의 공로자들이다. 독일의 대학도 건물 밖에는 사람들이 많지 않았는데, 독일에서 본 대학보다는 스위스에서 본 대학이, 사람 사는 듯한 편안함과 따뜻함, 그리고 여유로움이 느껴진다. 독일 대학들은 왠지 딱딱하고 썰렁하면서 평화로움도 느껴지는 모호한 기분이었다.

공원과 함께한 제네바 대학은 6월의 햇살을 받으며 찬연한 초록

빛의 잎들과 다양한 꽃들로 수놓아져 있다. 커다란 체스판도 있다. 시민들, 어린아이들, 소풍을 나온 아이와 할머니까지 3대를 이룬 가족도 보인다. 그늘막 아래에 자리를 펴놓고 달걀 한 줄과 풍성한 과일 도시락을 꺼내 놓고 오붓한 시간을 보내고 있다.

상큼한 과일을 한입 먹어 보고픈 마음이다. 하와도 선악과를 보면서 이런 마음이었을까? 죄란 자기 위치를 떠나는 데서 출발된다. 자기 위치를 떠나면 다른 이의 자리를 탐하는 마음으로 마음 판이 어느새 바뀌어 버리고, 하나님 중심의 사고와 삶은 실종되고 자기중심의 사고와 삶으로 쉽게 변질되어 버리기 일쑤다.

공원과 붙어 있는 구시가지 길과 맞닿아 있는 경계 벽에는 제네바 종교개혁자 기념비가 있다. 이 조형물은 칼빈 탄생 400주년과 제네바 아카데미 설립 350주년을 기념하여 도시 벽처럼 세워졌다. 요새를 표현하는 느낌이다.

개혁자들의 신학적 사상과 신념이 유럽과 전 세계에 좋은 유산으로 정신적이고 영적인 요새 역할을 했을 것이다. 나 역시 그 수혜자로 지금 여기 있다.

이 조형물은 길이가 100미터, 높이가 10미터다. 1909년에 착공한 것이다. 100년이 넘은 조형물로 보기에는 믿을 수 없을 정도로 깨끗하다. 중심에는 파렐, 칼빈, 베자, 녹스가 자리하고 있다. 단연 이들 중에 칼빈이 가장 크고 가장 도드라지게 앞으로 튀어나와 있다. 칼빈이 영향력을 가장 많이 주었다는 표현이다. 다음은 녹스가 도드라진다.

동상들 아래에는 '예수 그리스도'라는 뜻의 'Christogram'이 새겨져 있고 그 위에는 성경을 의미하는 문양이 있다. 벽의 윗부분 왼쪽에는 'POST TENE', 오른쪽에는 'BRAS LVX'라고 새겨져 있다. 어둠 후에 빛이 있다는 제네바 종교개혁 운동의 표어다. '1536년 5월 21일', 제네바가 프로테스탄트 종교개혁을 공식적으로 인정한 날짜가 가장 왼쪽에 새겨져 있다. 그다음은 프레드릭 기욤, 기욤 르 따시튠, 콜리니의 동상이 순서대로 있다. 오른쪽에는 '1602년 12월 12일', 사보이 공작의 공격에서 제네바를 보호하며 독립을 지킨 날이 새겨져 있다. 왼쪽부터 로스 윌리엄스, 올리비에 크롬웰, 스테판 보스카이가 있다. 그 아래로는 인공 냇물이 흐른다.

칼빈은 1509년 7월 10일, 파리 부근 피칼디 현의 노용에서 제럴드 칼빈의 다섯 아들 중에 둘째로 태어난다. 아버지는 노트르담 성당 주교의 비서였으며 참사회의 공증인이었고, 후에 교구 재무관이었다고 한다. 어머니는 칼빈이 여섯 살 때 운명하였고, 가슴 아프게도 아내와 아들도 일찍 세상을 떠났다, 칼빈은 개인적으로든 사회적으로든 인간의 고통과 사회악에 직면한 고된 삶을 살아내야 했다.

그는 1523년 8월, 파리의 마르슈 학교에 입학하여 약 1년간 라틴어와 인문주의 정신을 마튀렝 꼬르디에 교수로부터 배운다. 그 후 몽테규 대학에서 스콜라주의 신학과 철학을 배우며 1527년 문학 석사가 된다. 아버지의 뜻에 따라 1528년에는 오를레앙 대학에서 피에르 태상 드 레또알로부터 법률을, 올리베탄의 도움으로 인문학을 공부하며 르네상스 정신과 접하고, 기독교의 참모습은 성경에서 찾아야 한다는 생각을 하게 된다. 1529년부터 1531년까지 부르쥬 대학에서 안드레아 알치아티로부터 교회법을 배우고, 1532년에는 오를레앙 대학으로 돌아가 1533년에 법학박사 학위를 받았다. 여기서 칼빈은 헬라어 원어로 신약성경을 읽으며 성경 원전에 관심을 갖게 된 것 같다.

1533년 10월, 칼빈의 친구, 니콜라스 콥은 파리 대학 학장 취임 연설문에서 소르본느 대학과 그 신학자들의 완고함을 비판하였고 복음주의적 신앙을 강하게 표현한다. 이로 인해 당국의 소환을 받게 되자 바젤로 도피하게 된다. 칼빈도 은신한다.

1534년 10월 18일 프로테스탄트의 공개적인 저항 운동인 '플래카드 사건'이 일어난다. 프랑스의 주요 도시에서 신앙의 자유를 외치는 운동이 일어나자, 프랑스 왕 프랑수아 1세는 프로테스탄트들을 탄압한다. 그래서 칼빈은 파리를 떠난다.

칼빈은 경건한 모친의 영향과 대학에서 만난 인문주의자들, 성경 연구, 초기 기독교 역사에 대한 탐구 등을 거치면서, 하나님의 섭리와 경륜 가운데 하나님의 말씀을 소중히 여기며 말씀에 근거한 삶을 살고자 한다.

칼빈은 1535년 1월 바젤에 도착하여 《기독교강요》를 저술한다. 《기독교강요》에서 로마 가톨릭의 성례관을 비판하고, 그리스도인의 자유 문제를 다룬다. 또한 플래카드 사건 이후 박해 받던 프랑스 프로테스탄트를 변호하고 옹호한다. 스트라스부르크로 망명하려던 칼빈은 1536년 7월 제네바로 오게 된다.

인생이란 언제나 자기 계획대로 되지 않는다. 그래서 힘들어하고 당혹스러워하며 쩔쩔매지만, 인간보다 더 큰 하나님의 주권적 개입이 선하게 이끌어 가신다. 마치 아기 모세가 담긴 역청을 바른 갈대 바구니와 노아방주에 노가 없듯이, 그래서 인간의 의지로 방향을 잡을 수 없지만 하나님의 주권 속에 이끌리고 있다.

당시 제네바는 대의제도인 총회, 25인회, 60인회, 200인회에 의해 운영되고 있었다. 제네바에서의 교회개혁은 25인회의 결의를 거쳐 1536년 5월 21일 총회에서 정식 인준을 받았다.

기욤 파렐(Guillaume Farel, 1489-1565)은 제네바에서 1532년부터 복음주의 신앙운동을 시작한다. 그는 성상을 반대하고 미사를 금지하며 개혁을 이루어가고 있었다. 제네바 시는 복음주의 신앙을 받아들였으나 신조나 신앙고백, 신앙교육과 훈련, 요리문답, 예배형식, 교회 조직 등 개혁을 위한 조직력을 갖춘 인물을 필요로 하고 있었다. 파렐은 칼빈에게 제네바에서 개혁운동에 동참해 줄 것을 강권한다. 이에 1536년 8월 중순부터 무보수로 파렐을 보좌하며 로마서 강해를 시작으로 제네바 개혁운동에 참여한다.

1536년 10월 로잔에서 있었던 신학토론에서 칼빈은 성찬론에 있어서 로마 가톨릭의 주장인 육체적 임재를 부인하며, 초대교부들의 주장과 저술들을 인용하면서 그리스도의 영적 임재를 주장한다.

그는 교회법이 세속사회까지 이끌어야 한다고 생각하여 파렐과 함께 시의회에 매주일 성찬식을 시행할 것과 엄격한 치리를 할 것을 주장하는 '제네바 교회의 조직과 예배에 관한 조례'를 제출한다. 이때 교회가 시민들에게 감독권으로 치리할 수 있다고 주장함으로써 시의회와 충돌한다.

유기체적 생명인 교회가 거룩하게 구별된 삶으로 회복시켜 세워지는 데 있어서 치리는 필수다. 치리가 모든 성도에게 공개될 필요는 없지만 치리가 없다면 방임이 있게 될 뿐이다. 치리의 참된 정신은 징계가 아닌 귀한 영혼을 사랑 가운데 바로 세우려는 것이다. 또한 주님의 몸인 생명공동체로서의 교회를 병들게 하는 누룩을 제거하려는 것이다. 한국교회에도 단죄를 위한 치리가 아닌 참사랑에 근거한 치리가 살아나길 기도한다.

1538년 4월 23일 시의회는 칼빈과 파렐을 추방하기로 결의하여 칼빈은 22개월 만에 제네바를 떠난다. 이후 스트라스부르크에서 1538년 9월부터 1541년 8월까지 목회하며 연구에 전념하면서 말씀에 대한 이해와 신학적 깊이를 더하게 되었다. 여기서 그는 월 1회 성찬식을 하며 성화적 삶을 추구한다. 그는 《기독교강요》를 증보하여 출판하고, 《로마서 주석》을 출판(1539년)하며, 그의 생애 대부분을 성경을 주석하며 집필활동에 전념한다.

개혁가들의 공통된 특징은 그 시대 중심 세력에 대하여 저항하는 자들이라는 것이다. 그들의 저항은 성경에 근거한 것이다. 하나님에 대한 절대 권위를 인정하고 성경을 연구하며, 하나님의 뜨거운 심장에서 나오는 말씀을 듣고, 그 말씀을 자기 생명보다 귀하게 여기며 시대 속에 그 음성을 드러내는 삶은, 중심 권력을 가진 자들과 그들에게 동조하는 자들에게는 저항자일 뿐이다.

칼빈은 스트라스부르크에서 여러 개혁자들과의 만남을 통해 예배와 교회론에 대한 이해를 넓힌다. 프랑크푸르트 회의를 통해서는 멜란히톤을 만나 영향을 주고받으며 저항자의 몫을 감당한다.

칼빈이 제네바를 떠난 후, 제네바는 프랑스와 베른으로부터 독립을 위협받게 되면서 혼란과 무질서에 이른다. 1540년 9월 21일, 시의회는 칼빈의 귀환을 요청하기로 결의한다. 제네바로 돌아온 칼빈은 교회를 조직하고 교회규정을 확립하며 영적, 도덕적 개혁에 힘쓰고, 교회규정을 시의회에서 통과시킨다. 하나님의 원리에 의해 시가 운영되도록 힘쓴 결실이다. 제네바가 국제도시가 된 근간에는 칼빈의 이런 수고가 깔려 있지 않을까?

교회의 직분을 목사, 교사, 장로, 집사의 네 직분으로 정하고, 시의 질서유지, 시민들의 생활을 정화하기 위해 목사와 장로들로 구성된 감독회를 운영한다. 이는 성직자의 독단을 견제하고 교회운영의 민주화를 추구하려는 것이다. 칼빈은 예배에도 관심을 갖고 기도와 찬송의 혁신을 꾀한다. 또한 1542년 사도신경, 십계명, 주기도문, 성례, 교리 등을 내용으로 한 '신앙교육서'로 자녀교육을 위해 노력한다. 감독회를 통해 권징을 시행하여, 교회의 순수성을 유지하며 거룩을 추구하는 성화적 삶을 이끌어 도덕적 성숙을 얻는 결과를 가져온다. 이 모든 것으로 인한 결과로, 13년 정도가 지난 1555년에는 엄격한 치리와 질서가 확립되어 제네바는 개혁과 개혁교회의 중심지가 된다.

우리는 마치 예수님을 잃어버린 듯 모양새는 가지고 있으나, 그 내용에 있어서는 공허한 허울뿐인 상태가 아닌가? 교회가 세상을 정화하는 높은 도덕성을 갖고 있으면서 세상을 향해 그 도덕성을 요구

하기보다, 오히려 세상이 교회의 정화를 외치며 교회를 염려하는 모습이다. 교회 안에 다시 성화적 삶을 추구하는 이들이 세워지고 자녀교육을 외부 기관에 맡겨 버린 무책임한 삶에서 돌이키는 은혜와 능력이 회복되기를 기도한다. 참 인간됨의 교육은 가정에서 시작되고 마쳐지는 것이다. 외부기관은 일정한 도움을 줄 수 있을 뿐이다.

우리는 생피에르 성당으로 갔다. 생피에르 성당은 12세기에서 13세기까지 1세기에 걸쳐서 건축되었다. 유럽의 많은 건물들은 오랜 시간 동안 건축된 것이 많다. 속도가 중요한 우리나라에서는 상상할 수 없는 일이다.

앞부분은 마치 그리스 신전 같은 느낌의 기둥이다. 여러 차례 개축을 한 느낌이다. 그래서인지 로마네스크 양식과 고딕 양식, 네오클래식 양식이 혼합되어 있다.

이 교회는 제네바를 대표하는 건축물이자 종교개혁의 상징이다. 가톨릭 교회였으나 《기독교강요》 초판을 완성한 해인 1535년부터 개신교 교회가 되었다. 제네바도 다른 유럽의 도시들처럼 오랜 기간 신성로마제국의 지배를 받는다.

그러나 16세기 종교개혁으로 '유럽 프로테스탄티즘의 로마'로 불리는 도시가 된다. 종교개혁 운동으로 신성로마제국의 휘하에서 탈출하게 된 것이다. 이들은 가톨릭 교회가 치장했던 화려한 인테리어와 장식품을 다 뜯어내었다. 그 자국이 생생히 남아 있다. 교회 뒤편의 왼쪽에는 칼빈이 하루 4시간만 자며 연구하고 설교하던 나무 의자가 있다. 화려한 스테인드글라스에는 당시 문맹자를 위한 성경 내용들이 표현되어 있다.

연두색 종탑은 1407년에 세워진 것으로, 60킬로그램이나 되는 종이다. 종탑을 올려다보니 마음이 밝아지는 기분이다. 이 종은 지금까지도 타종되고 있다는데, 얼마나 종소리가 무게감 있게 깊고 우아할까 상상이 가지 않는다. 이 종소리를 들을 수 있다면 좋겠다는 간절한 마음으로 발걸음을 옮긴다. 이 탑의 계단은 157개다. 올라가면 제네바 시가지와 레만 호의 모습이 한눈에 보인다고 한다.

교회의 오른쪽에는 1536년부터 칼빈이 운명할 때까지 신학강의를 하던 '칼빈 강당'이 있다. 칼빈은 설교와 강의, 가르치는 일과 집필, 면담 등을 감당하며 개혁의 과업을 추진한다. 그는 4시간의 짧은 수면을 취하는 55년간의 생애를 살아냈다. 55년간의 생애가 조만간 55세가 될 나에 비하면 너무도 진가 있게 살았다는 생각에 그의 생애의 절박감과 무게감이 느껴진다.

빨간 스위스 기가 펄럭이는 시청 앞의 그랑 거리(Grand Rue)에는 철학자 루소의 생가가 있다. 그 뒤 블록은 칼빈 거리로 파란 바탕에 11번지를 뜻하는 흰색 글씨가 거친 돌 벽돌로 지어진 집에 붙어 있었다. 칼빈이 살던 고택이다. 칼빈은 1564년 2월 6일 성 베드로 교회에서 마지막 설교를 한

후, 4월 25일 유언을 남기고 5월 27일 베자의 품에서 생을 마친다. 시신은 제네바 시내의 플랑팔레(Plainpalais) 공원묘지에 안장된다.

제네바 한인교회에서 목회하는 후배가 왔다. 아주 오랜만의 만남이다. 반갑게 인사를 나누었다. 나는 후배 목사와 칼빈이 안장된 공원으로 이동했다. 일행들은 이미 칼빈의 묘소를 보고, 점심식사 장소로 이동하려고 버스를 타고 있다. 그래도 헐떡이며 뛰어 들어가 칼빈이 잠들어 있는 곳에 다다랐다.

땅에 붙어 있는 듯, 작은 회양목이 심겨 있는 곳에 고이 잠들어 있는 칼빈, 어떤 비문도 없이 평범하게 묻혀 있다. 칼빈은 묘를 화려하게 만들지 말라는 유언을 남겼다. 크신 주님 앞에 작은 자로 머물기를 바라는 마음에서 남긴 유언일까? 그의 묘에는 어떤 표지도 없었으나 공원 기록부에 묘지 번호 707호가 남아 있어, 후배들이 칼빈을 알리는 동판에 약력을 넣은 비석을 마련하였다고 한다. 그의 묘지 표시인 대리석에 물을 살짝 끼얹으니 보이지 않던 그의 이름 J. C.가 모습을 드러낸다. 나는 후배의 친절한 안내 덕분에 칼빈의 이름을 확인할 수 있었다. 주변에는 다양하고 화려한 묘지석들이 즐비하게 있다. 여기저기 눕거나 앉아서 삼삼오오 이야기도 나누며 도시락을 먹거나 책을 읽는 사람들도 있다.

다시 헐떡거리며 레만 호 근처 식사 장소로 이동을 했다. '이럴 수가!' 아직 버스를 탄 일행이 도착하지 않았다. 급히 서두르지 않고 좀 더 차분하게 칼빈이 잠든 곳을 보지 못한 것이 아쉽다.

자유시간이다. 제네바에서 목회하는 후배의 안내로 일행인 부부와 함께 레만 호로 이동했다. 레만은 버드나무라는 뜻의 켈트어이다. 이 호수는 제네바 호로 불리기도 한다. 길이가 72킬로미터, 너비가 14킬로미터, 평균 수심이 150미터가 넘는 호수다. 호안의 길이는 190킬로미터가 넘으며 초승달 모양이라고 한다. 레만 호 전체를 볼 수 있는 전망대가 있다면, 초승달 모양이 한눈에 들어올까? 땅으로 보면 아주 작은 나라인 스위스는 물의 나라라고 해도 될 정도로 많은 물을 가지고 있다. 물이 많아서인지 청아하다. 호숫가에는 오리와 고니, 갈매기들이 모여 빛을 즐기고 있다. 물은 맑고 호숫가도 깨끗하다. 짧은 민소매를 입은 사람들도 많이 보인다. 여유로운 모습이다. 빨간 피아노가 보인다. 비가 오면 어떻게 될까? 아무튼 그냥 피아노 옆에 서서 포즈를 취한다.

저 멀리 뒤에는 인공 분수가 높이 치솟고 있다. 스위스 건국 600년을 기념하여 만든 제또(Jet d'Eau) 분수다. 여름철 밤에는 조명 속에서 높이 치솟은 물이 흩뿌려지며 내려오는 모습을 볼 수 있다고 한다. 밤에 조명 속에서 보면 아름답게 보이려나? 이 넓은 호수에 비해 분수는 너무 가녀리게 보인다. 그래서인지 조금은 생뚱맞다.

원주에서 그리 멀지 않은 제천의 청풍호에도 순수 우리나라 기술자들이 만든 분수가 있다. 물줄기가 솟아오르는 시간이 하루에 몇 회로 제한되어 있지만, 청풍호의 분수는 여러 가지 모양을 연출하며 솟아오르는데, 청풍호에서 보던 감격만 하지 못하다.

이승만 대통령과 프란체스카 여사가 이 호수를 거닐며 사랑에 빠졌다고 하는데, 그들이 걸은 거리는 어디쯤일까? 우리는 여행 중임에도 여유롭기보다는 하나라도 더 경험하려 부산을 떤다.

국제도시여서일까, 여행객들이 많아서일까? 여러 나라의 언어들이 귀를 스쳐 지나간다.

좀 더 걸으니 제네바 최초의 영국식 공원인 제네바의 명소 꽃시계 공원이다. 1854년에 조성된 녹지에 1955년에 세계적으로 유명한 꽃시계 장인을 기념하기 위해 제작한 시계 공원이다. 지름이 5미터, 둘레가 18미터, 세계에서 가장 긴 것으로 알려진 초침은 2.5미터이다. 계절의 변화를 알리려고 꽃의 색상도 연간 4회씩 바뀐다고 한다. 꽃시계가 너무 커서 폰 카메라에 다 담을 수 없는 것이 아쉽다.

도로는 한산하다. 푸르른 가로수 사이로 눈부신 햇살이 비친다. 우리는 UN 유럽 본부로 향했다. 드라이브를 하며 보니 국제연합 유럽 본부(UN), 국제노동기구(ILO), 세계보건기구(WHO), 국제적십자본부, 핵연구소 등이 틈틈이 자리하고 있다. 제네바 대극장도 보이고, 오토바이로 이동하는 사람도 보인다. 극장을 지나자 곧 만국기가 게양된 모습이 눈에 들어온다.

UN 유럽 본부에 도착했다. 차에서 내려 걷다 보니 담장에 사람과 새들을 형상화해서 그려 놓은 벽화가 보인다. 벽화 담장 안의 푸른 키 큰 나무들, 그 위에 맑은 하늘과 하얀 구름이 조용하게 우리를 기다리고 있다. 노란 페인트로 된 건널목을 건넜다. 여러 개의 분수가 물을 뿜어내며 파란 하늘 아래 시원함을 선사하고 있다.

분수 옆에는 한쪽 다리가 흉하게 부러진 거대한 의자가 설치되어 있다. 발목지뢰로 다리를 잃은 사람들을 상징하는 의자다. 전쟁의 잔혹함으로 인한 상처를 상징하며, 전쟁을 하지 말자는 표현이겠지만 인류역사상 땅에 전쟁이 없는 날이 있었을까?

지금도 전쟁 소식은 여전하다.

생명이신 예수님을 잃어버린 인간들의 욕심은 폭력과 전쟁의 소문을 끊이지 않게 한다. 지구상 유일한 분단국가인 나라, 늘 언제 전쟁이 날지 모른다는 불안감과 그 속에서 이해할 수 없는 편안한 일상이 지속되는 우리들, 속히 통일이 오기를 기도한다. 하나님을 외면한 삶의 결과는 분열과 다툼이다. 하나님은 인간의 모든 죄의 대가를 치르고 참된 생명을 주시기 위해 예수님을 이 땅에 내어 놓으셨다. 그래도 우리는 생명 주신 예수님을 향해 응답하기보다는 인격적 반응을 미루기 일쑤다.

예수 우리 주님으로 인해 하나가 되는 그날, 평화의 그날을 준비해야 할 우리들은, 끝없는 전쟁 속에 있는 이 땅에서의 삶을 끌어안

15. 스위스, 칼빈의 도시

고 살아내야 하는 이 시대의 몫을 가진 자들이다.

어릴 때 불렀던 복음송이 생각난다.

> 세상은 평화 원하지만 전쟁의 소문 더 늘어간다
> 이 모든 인간 고통 두려움뿐
> 그 지겨움 끝없네
> 그러나 주 여기 계시니
> 우리가 예수 믿을 때에 그의 힘으로 하나 돼
> 우리가 예수 믿을 때에 그의 힘으로 하나 돼
> 하날세 우리 모두다
> 하날세 우리 모두다
> 하날세 우리 모두다
> 하날세,

하나 됨으로 나아가는 선택을 할 것인지 분열을 방치하는 선택을 할 것인지는 우리의 몫이다.

우리가 들어간 곳은 UN 가입국들의 국기가 양편에 두 줄로 게양된 길을 걸어 들어가고 있다. 나의 기도가 나라들을 진흥케 하기를 바라며, 국기가 게양된 나라들을 축복한다. 잠언 11장 11절 말씀에, 성읍은 정직한 자의 축복으로 인해 진흥되고 악한 자의 입으로 인해 무너진다고 하였다.

우리가 들어간 곳은 UN 유럽 본부로 팔레 데 나시옹(Palais des Nations)이라고 불리는 건물이다. 안으로 들어가니 장막모형으로 설계한 예배실이 있다. 유리벽 곁에 닿는 천장은 장막처럼 곡선이다.

유리와 나무, 수놓아진 헝겊들, 다채로운 색으로 그려진 액자들이 나름 조화를 이루며 깔끔하게 정리되어 있다. 외형적으로는 UN에 있는 예배실답다.

예배가 얼마나 드려지고 있는지 알 수 없으나 아쉽게도 성령님의 임재는 느껴지지 않는다. 전체 공기는 차갑다. 이곳에 주님의 임재가 늘 충만하기를 기도한다.

출애굽기 35장을 보면, 하나님께서는 얼마 전만 해도 금송아지를 만들어 제의를 갖추고 춤을 추던 패역한 이스라엘에게(출 32장), "나는 너희를 애굽에서 이끌어낸 여호와"라고 하며 안식일 법을 잘 지키라고 명령하신다. 그리고는 성막을 지을 것을 명하고 중단된 성막 건설이 잘 마무리되는 것으로 끝을 맺는다(출 35-40장). 이스라엘 백성 중에 하나님께서 함께 거하신다는 상징으로 성막을 건축하게 하신 것이다. 믿음의 조상 아브라함에게 하신 하나님의 약속은 하나님을 배반한 이스라엘에게 여전히 유효함을 증언하며 출애굽기는 끝난다.

이스라엘이 하나님과 함께 있을 수 있는 특권을 누릴 어떤 조건으로 변한 것은 아무것도 없다. 그런데도 거룩하신 하나님의 성품을 걸고 추악한 이스라엘과 친히 함께하시기로 결정하고 성막 건축을 명하신 것이다. 이에 이스라엘 백성은 기쁨으로 성막 건축에 필요한 것을 넘치도록 헌신하며 참여한다.

UN 유럽 본부에 있는 성막처럼 설계한 예배실도 어쩌면 누군가의 헌신으로 건축되었을 것이다. 어떻게 건축되었느냐 하는 것도 중요하지만 건축의 참된 용도에 맞게 사용되는 것은 더욱 중요한 일이다. 이곳의 예배실도, 나의 조국의 수많은 예배실도, 전 세계 곳곳의 예배실도, 공간 자체가 자랑거리이기 이전에 하나님이 너무도 머물고 싶어 하시는 곳이 된다면 얼마나 좋을까?

예배하는 자들이 오직 하나님을 구하고 말씀을 경청하며, 주님의 심장을 가지고 세상 속에서 말씀이 삶으로 반죽되어 나오는 삶이 이어진다면, 아름다운 예배실 기능을 하는 것이다. 하나님을 간절히 갈망하는 인격들이 하나님을 만나고자 하는 마음으로 예배드리는 곳이라면, 하나님의 임재가 떠나지 않는 따뜻하고 포근한 예배실, 성령님의 위로와 힘 주심이 있는 생명의 산실이 될 것이다.

나는 예루살렘 성전을 떠난 하나님이 자꾸 생각난다. 수없이 모여 제물을 드리고 예배를 드리나 그 예배를 예배로 받을 수 없던 하나님의 탄식이, 예루살렘 성전에서 고개를 돌리신 것을 넘어서 성전을 떠나시게 된 것이다. 오늘날에도 우리에게서 '예배자에 걸맞은 삶'이 실종된다면, 그런 인격이 드리는 예배를 하나님은 받으실 수 없어 예배실에서 고개를 돌리다가 결국 떠나실 것이다. 하나님이 주인 되지 않은 교회, 인간이 주인 된 교회에 하나님은 머무르실 수 없지 않을까?

하나님의 떠나심은 택한 백성을 버린다는 의미보다는 다시 내게로 돌아오라는 사랑의 외침, 나와 만나 얼굴을 보며 대면하고 사귀자는 강력한 초청이다. 하나님의 초청에 위로부터 내려주시는 은총을 기대하며 적극적으로 응답하는 우리 모두의 삶이 되기를 기도한다.

미리 연락을 취하면 UN 유럽 본부에서 예배할 수 있는 기회를 가질 수 있었는데 우리는 그런 기회를 갖지 못했다.

자유시간이 끝나가고 있다. 남은 일정은 역에서 만나 파리행 TGV를 타고 프랑스로 가는 것이다. 역에는 이미 많은 사람들이 모여 있었다. 때마침 새로 나온 음료를 홍보하고 있다. 유럽에서 뭔가를 무료로 받는다는 것은 상상해 보지 않은 일이라 기분 좋게 음료수를 받아 챙겼다. 저녁에 빵과 함께 먹을 음료가 가방속 한자리를 차지했다.

가방을 한쪽에 밀어놓고 계단에 앉아 사람들의 모습을 바라본다. 군복을 입은 사람들, 총을 든 여성들, 여행객들, 바삐 움직이는 모습이 스위스에서 지금까지 본 분위기와는 사뭇 다르다. 우리는 기차 안에서 저녁 대용으로 먹을 빵을 나누어 받고 TGV 탑승을 위해 에스컬레이터에 올랐다. 한참을 기다려 탑승을 했다. 내 승차권은 2층이다. 2층으로 올라 출입문 근처 자리다. 만하임에서 프랑크푸르트로 올 때는 입석이었는데 지금은 좌석이다. 3시간 정도를 달려야 파리에 도착한다. 한 자리에 계속 앉아 있는 것도 참 쉽지 않아 들락날락거리기를 반복한다.

파리는 칼빈의 고향 근처이고, 그가 다닌 대학과 개신교인 위그노의 유적이 있다. 파리로 가는 열차는 내리막길을 달린다. 푸르른 숲을 가진 요새처럼 보이는 바위산과 강물이 보인다. 물이 너무나 맑고 파래서 한국의 녹조 낀 강 같다. 30분이 좀 지나서일까? 우람한 산의 모습은 사라지고 드넓은 평원에 군데군데 숲들이 보이기 시작한다. 뾰족한 십자 탑도 보인다.

한 시간쯤 지났을까? 하얀 양 떼들이 황금색 들판을 수놓고 있다. 숲속을 흐르는 푸른 강, 보리인지 밀인지 알 수 없는 황금빛 들판과 푸른 초원이 번갈아 가며 펼쳐져 있다. 숲속 조금 높은 땅 위에 고성처럼 보이는 커다란 건물도 우뚝 서 있다. 이 넓은 들판의 농장주의 가옥일까?

맞은편에 앉으신 두 분은 45도 정도 고개를 갸우뚱 앞으로 숙인 채 잠이 드셨다. 웃으며 카메라를 살짝 눌렀다. '나중에 이 사진을 보내드리면 노발대발하시겠지!' 어느새 하늘은 붉은 빛으로 물들어 가고 고요한 들판도 끝났다. 저녁 9시가 넘었다. 시가지인 듯 건물들도 보이고 다리도 보이고 둥그러니 뾰족한 종탑도 보인다. 지나가는 차들이 라이트를 번쩍인다. 각지에서 몰려든 열차들이 줄지어 있다. 파리에 도착했다. 사람들의 움직임도 속도감이 있다. 세계 각지의 다양한 민족과 인종들이 섞여 있다.

새로운 가이드를 만났다. 마지막으로 만나는 가이드다. 세느 강을 건너 숙소로 우리를 안내한다. '야간의 에펠탑을 보아야 하는데' 이런 생각 속에 마지막으로 머물 방으로 들어갔다. 이국에서의 마지막 밤이다. 일행과 차도 한잔 하고 씻고 나니 12시가 넘었다. 잠이 오지 않아 로비로 내려왔다. 여행객인 듯 보이는 사람이 로비에 있다가 룸으로 올라가려는 모습이다. 호텔 문을 나서서 두리번거리며 거리의 풍경을 둘러본다. 이제는 완전히 어둡다. 조심스럽게 거리를 걸어본다. 조용한 거리다. 사람도 없다. 좁은 다리가 하나 보인다. 주변은 캄캄하다. 다리 난간 한쪽에 부착된 조명이 다리 상판을 비추고 있다. 살짝 겁도 났지만 다리를 건너보기로 했다. 이 물도 세느 강으로 흘러들어가는 지류일 것 같다.

    다리를 건너니 캄캄한 속에서 빛이 있는 낮은 건물들이 있다. 한 건물에서 술에 취한 사람 몇 명이 나온다. 술 취한 모습은 나에게는 참 익숙하지 않다. 나의 부친은 연세가 많이 드셔서 예수님을 영접하셨다. 교회를 다니시기 전에도 손님이 오시면 가끔 반주를 하셨을 뿐, 술에 취한 모습을 보이신 적이 없다. 술 취한 모습이 두렵게 느껴져 되돌아가기로 마음을 바꾼다. 불 나간 에펠탑이라도 볼까 하는 마음으로 외출을 했지만, 우리에게 배부된 이정표에는 숙소가 에펠탑에서 꽤나 먼 곳에 있었기에 포기하고, 숙소 주변을 조금 둘러보다가 내일을 위해 잠을 청하기로 한다.

To, 프랑스, 위그노들의 순교지

Travel

16. 프랑스, 위그노들의 순교지

파리에 평화를

이국에서의 마지막 날이다. 파리의 아침은 낭만이 실종된 듯하다. 아침을 먹기 위해 식당으로 가니 장소는 비좁고 사람들이 빈틈없이 앉아 있다. 다른 곳에서 식사할 때의 여유로운 분위기는 찾아볼 수 없다. 불쾌하고 신경증적인 분위기다. 음식 배치도 영 뭔가 불편하다. 먹을 만한 것도 눈에 들어오지 않는다. 몇 가지 안 되는 야채와 과일, 우유 등을 담아 자리에 앉았다. 종업원들의 태도도 부드러운 모습보다는 어둡고 불손하다. 왠지 꺼림칙해하는 분위기다. 인종차별을 당한다는 느낌에 불쾌해하는 일행들도 있다.

차별과 우월감은 타락한 인간의 가장 기본적인 감정이다. 이들의 태도가 차별과 우월감에서 나오는 것일까? 아니면 계속 발생하는 테러로 지친 자기연민에서 나오는 불안감일까?

　유쾌하지 않은 분위기 속에서 대충 식사를 마치고 우리는 버스에 탑승했다. 곧 세느 강과 즐비한 고층빌딩들이 눈에 들어온다. 그동안 다니면서 유럽의 도시에서 쉽게 볼 수 없었던 고층빌딩이다. 버스도 많이 보인다. 관광버스도 많다. 파리는 거미줄처럼 방사선형으로 계획된 도시다. 아직 아침 9시가 되지 않은 시각이다. 차창 밖으로 보이는 에펠탑, 그 위의 검은 구름으로 가려진 하늘, 그래도 날씨가 좋아질 것을 기대한다.

　에펠탑은 세계적인 건축가 귀스타프 에펠이 설계한 철제 탑이다. 1889년에 개관된 에펠탑 높이는 300미터이다. 1889년 프랑스 혁명 100돌 기념으로 파리 엑스포(EXPO) 때 출입관문으로 세워졌다. 이 탑은 당시 시민들에게 환영받지 못한 흉물스런 철 덩어리로 여겨졌다고 한다. 그러나 지금은 세계적으로 유명한 파리의 대표적 명물이 되었다.

　버스에서 내려 에펠탑을 향해 걷다 보니, 이주민들로 보이는 사람들이 구걸하듯 약간은 강제하듯 기념품을 팔고 있다. 프랑스 시민과 이주민, 탑과 여행객, 웨딩촬영, 이런 다양한 모습이 세상이다. 이주민으로 보이는 거리의 상인들은 마음에서 어느새 사라지고 격자형 높은 철탑에 마음이 쏠린다.

　철탑 다리 사이의 아치형 빈 공간 사이로 보이는 도로 위의 차량들과 저 멀리 보이는 멋스런 건물, 넓고 푸른 잔디 정원인지 광장인지 알 수 없는 공간 너머에 박물관 같은 건물이 보인다. 도심 속 푸른 정원 같은 공간에 잠깐 머물다 다시 철탑의 아치형 다리 위의 사각 난간으로 이동한다. 이내 난간에서 시작되는 사각뿔 같은 빈 공간으로 하늘을 바라본다. 하늘이 뿌옇다. 멀리서 막연히 보면 화려해 보이나 가까이서 보면 우울함을 지닌 파리 시민의 마음을 보여주는 듯하다.

다시 뿌연 구름에 가려진 하늘을 빠져나와 탑을 향한다. 탑은 하늘을 향해 거침없이 쭉 뻗어 올라간다. 전망대로 보이는 곳에서 다시 멈추어 뒤로 찌푸린 하늘, 그 아래 검은 덩어리처럼 보이는 전망대의 무게가 가슴을 답답하게 한다. 강제하듯 거리로 내몰려진 이주민으로 보이는 상인들의 무게감일까? 수압에 의

해 움직이는 엘리베이터를 타고 전망대에 오르면 파리 전역을 볼 수 있다고 한다. 전망대 위로는 첨탑과 뾰족하게 솟은 안테나가 머리에 피뢰침을 이고 있는 모습이다.

파란 하늘이 살짝 얼굴을 내밀고 구름도 하얗게 옷을 갈아입고 있다. 일행들은 여기저기 흩어져 다양한 포즈로 사진을 찍는다. 슈트를 입은 남자와 분홍색 드레스를 입은 아시아계로 보이는 이들이 웨딩 촬영을 한다. 나도 에펠탑 아래 사람들을 담아 폰의 셔터를 눌러 본다. 에펠탑은 파리 어느 곳에서든 쉽게 눈에 들어오는 높은 탑이다. 거기다 안정감과 아름다움까지 더해 도시 경관을 더 빛나게 한다. 파리 여행객들이 어디에 있든지 마음과 시선을 사로잡는 건축

16. 프랑스, 위그노들의 순교지

물이 이 탑이다.

알렉산드로 3세 다리가 보인다. 100세가 넘어 버린 다리는 멋진 위용을 하고 있다. 다리가 시작되는 양쪽에는 황금색의 커다란 말과 함께 서 있는 조각상이 눈에 확 들어온다. 알렉산드로 3세의 모습이겠거니 생각한다. 이 다리는 예술의 도시에 있는 다리답게 세밀한 조각들로 장식되어 있다.

중앙광장이 보인다. 이탈리아의 성 베드로 광장을 본떠서 만들었다는 분수와 그 뒤로 하늘을 찌를 듯한 23미터 높이의 화강암으로 된 오벨리스크가 뾰족하니 서 있다. 람세스 2세가 태양신을 숭배하기 위해 이집트 룩소르 신전에 있던 것을 4년 동안 운반하여 만들었다고 하니 당시 이집트의 세력이 얼마나 강성했는지를 짐작하게 한다.

세상에서 가장 아름다운 거리라고 하는 샹젤리제 거리로 왔다. 나폴레옹이 프랑스군의 승리와 영광을 기념하기 위해 세운 개선문이 우뚝 서 있다. 샤를 드골 광장이다. 나폴레옹이 승전 조각을 새겨 놓은 높이 50미터의 에투알 개선문이 버티고 있다.

개선문을 지나 콩코드 광장까지 쭉 넓게 뻗어 있는 거리는 확 트인 공간이다. 그런데 답답하고 불안하다. 이 거리를 중심으로 좌우에는 개선문에서부터 5개씩 도로가 형성되어 있다. 결국 개선문을 중심으로 한 12개의 도로가 열두 방향을 향해 펼쳐져 있다. 위에서 보면 별 같은 모습을 하고 있어 별이란 뜻의 '에투알'이라고 명명한 것이다. 에투알 개선문이란 단어는 처음 듣는 이름이다.

아픔의 역사를 감싸 안고 별처럼 아름다운 파리가 되기를 꿈꾸며 계획한 것일까? 과거의 상처를 예술과 문화로 승화시키려는 영혼의 몸부림인지, 포장하고 감추려는 인간 세상의 위선인지? 인간의 내면은 끊임없이 아름다움을 추구하면서도 동시에 끊임없이 부패함을 가지고 있다. 그래서 부패함을 감추려 웃으며 몸부림치기도 한다.

이곳에서 나는 공간의 여유로움보다는 복잡하고 분주하며 조급함을 느낀다. 왠지 모를 이 불편함은 무엇일까? 나는 "주님, 내가 여기 있습니다"라고 나도 모르게 계속 기도하고 있는 나를 발견한다. 파리에서 가장 넓고 아름다운 광장으로 알려진 콩코드 광장의 역사가 나를 불안하게 하는 걸까?

콩코드는 화합을 뜻한다. 화합의 광장인 이곳은 루이 16세와 부인 마리 앙투아네트 등 1,119명의 생명이 무참히 단두대에서 짓밟힌 피비린내 나는 장소다. 1,119명이라는 생명이 처형될 때의 모습은 상상하기도 끔찍하다. 단두대에서 이슬처럼 사라진 인격들, 루이 15세의 기마상이 프랑스 대혁명의 소용돌이 속에 파괴되었다. 단두대가 설치된 자리를 바라본다.

루이 16세가 무력으로 국민회의를 탄압한 결과 파리 시민은 1789년 바스티유 감옥을 습격한다. "사람은 나면서부터 자유를 갖고 있고 평등하며, 국민에게도 정치를 하는 권한이 있다"는 인권을 주장하며 프랑스 혁명이 일어나게 되고, 루이 16세는 1793년, 재판에서 유죄 판결을 받고 사형을 당하게 된다. 이때 그는 "프랑스인들이여, 나는 무죄다. 나는 기소된 모든 죄목으로부터 결백하다. 나의 죽음에 관련된 모든 자들을 용서한다. 그들이 뿌린 피가 다시 프랑스에 돌아오지 않게 해달라고 하나님께 기도한다. 내 피가 프랑스 국민의 행복을 강화할 수 있기를 소망한다"라고 하며 38세의 나이에 당당하고 냉정하게 사형절차를 받아들였다고 한다.

혁명은 언제나 피를 동반한다. 이 광장에서 혹자는 4만 명 정도가 단두대에 달렸다고 한다. 아무리 정당한 명분을 내세워도 인간의 힘이 자기중심으로 치달을 때, 타인의 생명을 가볍게 여기는 얼마나 무서운 존재가 될 수 있는지! 가장 아름다운 피조물도 인간이지만 가장 흉악한 피조물도 인간이다.

귀족과 평민은 사형 방법이 달랐으나, 모든 사람이 평등해야 함을 주장하며 귀족도 단두대에서 처형할 것을 요구하자 루이 16세는 이를 허락했다. 그리고 그가 허락한 단두대에서 생애를 마치게 된다. 억압당하며 자유를 잃어버린 자들, 권리를 찾겠다는 운동이 혁명이 되고, 혁명의 힘은 또 다른 누군가의 자유와 인권을 짓밟게 되는 것이 인간의 역사이다.

자기를 비워 종의 형체를 가진 예수님, 죽기까지 자신의 마땅한 권리를 포기한 예수님, 자기의 생명을 많은 사람의 대속물로 내어주신 우리 아버지 되시는 하나님의 방법과 인간의 방법은 너무나 다르다. 하나님은 인간됨의 특권과 소중함을 누리며 살도록, 우리를 위해 죽으신 예수님을 마음 중심에 두고, 무엇보다 마음을 지키라고 하셨다.

콩코드 광장을 지나 세느 강을 건넌다. 개신교를 박해하던 시절에 위그노들이 숨어 살았던 곳이다. 위그노는 '동맹자'란 뜻으로 칼빈주의 개혁파를 일컫는 말이다. 위그노들은 칼빈의 《기독교강요》에 나오는 생활규범을 따랐다고 한다. 이들은 1555년 5그룹 정도였으나 7년 후에는 2천 개가 넘는 폭발적 성장을 이루었다.

그러나 예배를 드리던 중 학살당하는 어려움을 겪으면서 긴 30년간의 종교전쟁이 지속된다. 칼빈은 하나님이 세상보다 강하다고 강조하며, 하나님 말씀이 폭동을 일으키게 했다는 오해를 받으니 전멸하는 것이 낫다고 하며 견딜 것을 권면한다. 폭력은 어떤 경우도 정당한 결과를 가져오지 못함을 칼빈은 설파하고 폭력으로 대항하지 않도록 한 것이다. 그러나 칼빈이 죽고 200년이 더 지난 후, 파리는 폭력의 땅으로 변했다. 지금도 파리에서 일어나는 테러들을 생각하면 여전히 폭력이 난무하는 땅이라는 생각이 든다.

비좁은 거리다. 이 비좁은 골목 어딘가에 숨어서 숨을 죽이며 가톨릭의 박해를 피하여 복음진리를 품고 죽음의 공포를 이겨냈을 모습을 생각하니, 그들의 숭고함에 마음이 숙연해진다. 어떤 표시도 흔적도 볼 수 없지만 위그노의 이야기와 삶이 스며 있는 거리에 우리는 서 있다. 귀족들이 신교도인 콜린 제독을 제거하기 위하여 왕을 조종하며 개신교도들을 박해하고 죽였던 사건이 있던 거리다. 비좁은 거리에서 도피하기도 어려웠을 것 같다. 가톨릭 교도들에게는 개신교도들을 처형할 날과 시를 정하여 미리 알려 주고, 그것을 모르는 거리에 있는 개신교도들을 마구잡이로 죽였다는 이야기가 가슴속에 뭉근히 남는다.

골목길을 걷노라니 칼빈이 살았다는 집의 대문 기둥에 파란 색으로 십자 표시가 되어 있다. 대문도 파란색이다. 이곳에서 얼마간 산 것일까? 제사장들이 파란색 옷을 입었던 것이 떠오른다. 거룩하신 하나님으로부터 나오는 빛은 눈부신 파란빛일 것이다. 파란색은 이스라엘의 국기에 있는 유일한 채색으로 하나님의 임재 속에 기도할 때 쓰는 수건(tallit)을 의미한다. 또한 하나님과 인간 사이를 중보하는 제사장의 겉옷인 에봇 받침을 모두 청색으로 하라는(출 28:31-

35) 말씀이 있다.

대문에 서서 사진을 찍는데 누군가가 문을 열려고 한다. 지금도 누군가 살고 있는 집이다. 거주자인 듯, 대문을 살짝 열었다가 쳐다보고는 닫는다. 연일 왔다가 가는 순례객들로 인해, 이분이 참 불편한 날들을 감수하고 계신다는 마음에 미안함이 파고든다. 거주자에게도 칼빈에게 있던 하나님과 말씀을 향한 열정이 지속되기를 기도한다. 비좁은 골목길을 나오자마자 최고 명품을 거래하는 상점들이 즐비하게 있다.

피로 얼룩진 역사와 오늘의 화려한 프랑스 문화가 교차한다.

우리는 대학가로 이동한다. 파리의 대학은 우리나라 대학 캠퍼스와는 많이 다르다. 파리 대학은 제1대학에서 제13대학까지 있다. 제9대학까지는 건물만 있고 우리에게 익숙한 캠퍼스는 없다고 한다. 소르본 대학은 제4대학으로 마치 교회 같은 건물이다. 이 학교는 100년 전쟁 동안에 부르고뉴와 영국 입장에 섰고, 왕실을 구한 잔다르크를 화형대로 보내는 데 앞장섰다. 개신교 신도들을 반대하는 보수적 입장에 있던 이 학교는 프랑스 혁명 세력으로부터 탄압을 받았다.

그리스 파르테논 신전같이 우람한 기둥을 가진 교회가 보인다. 특이한 것은 1층의 기둥에 프랑스 국기가 기둥마다 5개 정도씩 달려 있다. 루이 15세가 자신의 병이 나은 것을 기념하여 수도원의 성당을 개축한 신고전주의 양식의 팡테옹이다. 이곳 지하 묘소에는 빅토르 위고, 장자크 루소와 더불어 80명 정도의 위인들이 잠들어 있다고 한다. 지금도 교회로 사용되는 것인지 알 수 없다.

이 팡테옹 앞에 몽테규 대학이 있다. 칼빈이 수학한 학교다. 이곳에서 칼빈은 대학 시절에 빵 한 조각과 신선하지 않은 계란으로 끼니를 해결해야 했다. 기숙사에는 이가 득실거렸고, 학점에 문제가 있거나 게으른 학생들은 가혹하게 매를 맞기도 했다. 수도원처럼 엄격한 규율에 따라 새벽 4시에 일어나서 2시간의 강의가 있고, 6시에는 아침 미사, 그리고 아침 식사, 8-10시까지는 강의와 토론, 점심은 11시, 점심에 이어 12시에는 반성하는 시간, 오후 1-3시는 일반 독서와 자유시간, 3-5시는 강의, 저녁은 5시에 먹고 기도회를 가진 후, 오후 강의에 대한 토론을 하고 취침하는 꽉 짜인 일과였다.

끝없이 연구하고 집필하는 칼빈의 충성스런 삶은 이런 생활을 통해 자리 잡게 된 것일까?

이 학교는 현재 프랑스 국립대학 파리 소르본(Universite Sorbonne Nouvelle)이다. 프랑스의 대학은 모두 국립대학이다. 1, 3, 4, 5대학을 소르본이라고 부른다.

우리나라 대학과는 너무나 다른 프랑스의 대학, 참 난해하게 느껴진다. 나는 칼빈이 이 대학에서 교수로 재직할 당시에는 학생들의 복지가 좀 나아졌을까 혼자 생각하다가 그냥 헛웃음을 짓는다.

이 대학 바로 옆 골목에는 칼빈이 하

숙했던 집이 있다. 담쟁이가 우거져 정감이 느껴지는 집이다. 칼빈이 살았을 때도 담쟁이가 있는 집은 아니었던 듯, 담쟁이 줄기가 500년의 흔적을 담고 있는 굵기는 아니다. 칼빈은 쫓기는 몸이었기에 그를 잡으러 오면 지붕에 숨으려고 다락방에서 하숙을 했다. 언제 잡힐지 모르는 불안한 일상 속에서도, 상황에 붙들리지 않고 하나님과 시민과 소통하며 위대한 많은 업적을 남긴 그의 생애에 고마운 마음이 든다.

칼빈은 1528년 회심의 경험을 갖게 된다. 이 경험을 그는 "하나님이 나에게 변화를 주시고, 순종하게 하셨다"라고 고백한다. 1532년, 가톨릭 교회에 회의를 품던 그는 관계를 단절하고, 오직 그리스도로 인한 복음을 증거하는 삶을 살게 된다. 그리고 칼빈 역시도 이단이라는 혐의를 받자 은신하게 된다. 회의를 품고 질문하고 답을 찾는 몸부림이 생명의 하나님을 만나도록 이끌었을 것이다. 하나님을 만나면 안주하고 타협할 수 없는 솟아나는 힘의 원천과 연결된다. 그리고 참된 힘에 순종하는 삶의 전환이 이루어진다. 칼빈의 회심은 강요된 종교적인 힘이 아닌, 원천이신 하나님을 만남으로 가능했을 것이다. 오늘도 우리에게 "나를 찾는 자가 나를 만날 것이다" 말씀하시며 하나님을 찾아 시야를 넓히기 원하시는 하나님의 음성은 변함없이 울려 퍼지고 있다.

우리는 대략적으로 칼빈의 흔적을 훑어보고는 다시 버스에 올랐다. 상점들이 즐비한 거리다. 초등학교 저학년으로 보이는 아이들이 교사로 보이는 분들과 건널목을 건너려고 서 있다. 한 그룹은 빨간색 상의를 주로 입고 있다. 또 다른 그룹은 검은색 상의를 주로 입고 있다. 우리나라에서 볼 수 있는 모습과는 달리 여러 인종이 섞여 있다. 하늘은 점점 맑아지고 있다.

에펠탑 아래 모스크처럼 둥근 돔 위에 십자가를 달고 있는 건물도 보이고, 세느 강을 건너지른 다리와 거리를 걷는 시민들도 보인다. 비교적 한산하다. 스커트를 입고 자전거 안장에서 엉덩이를 뗀 채로 바람에 상의를 휘날리며 달리는 시민이 거리의 생기를 더해 준다. 프랑스를 근사하게 느끼게 하는 많은 건축물들이 줄지어 있다.

우리 일행은 바토무슈 선착장으로 가서, 강바람을 맞으며 유람선에 올랐다. 2층은 개방형 구조다. 워낙 큰 배라 우리 80명의 일행은 승객 중 일부에 지나지 않는다. 유람선을 타고 세느  강 좌우에 있는 파리의 외관을 둘러보는 중이다. 건축물이 한마디로 예술품이다. 부지런히 걷던 걸음이 배 안에서 멈추어진 시간, 이곳에서도 7-8세 정도 되는 아이들이 단체여행을 온 듯 즐겁게 어울리고 있다. 다양한 인종의 또래 아이들이지만 친밀해 보인다. 이들이 우리 나이 정도 되면 세상은 지금보다 차별 없이 평화로울 수 있을까? 장난도 치고 놀이도 하는 아이들이 사랑스럽다. 인간이 만든 웅장한 건축물들이 주는 탄성과 비교할 수 없는, 작지만 하나로 어울리는 초등학교 저학년으로 보이는 아이들 속에 평화가 있다. 살아있는 존재로부터 오는 존재됨의 아름다움이 조화를 이루는 것이 평화다. 격 없이 어울리는 아이들을 보는 것이 행복감을 안겨준다.

알렉산더 3세교를 다시 지나고 있다. 섬세한 조각들로 치장된 다리다. 하얀 바탕에 금박을 입힌 문양들이 화려함을 더해 준다.

　서툰 한국어 안내방송이 나오는데 주변 경관과 배 안의 사람들의 모습에 마음을 빼앗겨서일까, 뭐라 하는지 별 관심이 없다. 알렉산더 3세교, 루브르 박물관, 퐁네프 다리, 노트르담 성당이 있는 시테섬을 돌아 다시 퐁네프 다리, 오르세 미술관, 알렉산더 3세교(다리 끝에는 황제 나폴레옹이 잠들어 있는 황금 돔의 앵발리드 교회가 있다), 알마교, 에펠탑을 지나 돌아서, 샤이요 궁을 지나 알마교를 빠져나오면 선착장에 도착하는 코스다. 노트르담 성당은 위그노들을 처형시킨 광장 근처에 있는 성당이다.

　천안에서 왔다는 중년 남성분들도 만났다. 외국에서 만나는 한국인, 반갑게 인사도 나누고 사진도 찍었다. 다양한 국적과 인종들이 저마다 강 옆의 파리의 모습을 눈에 담느라 정신이 없다. 중국인들의 요란한 소리들이 바람과 함께 귀를 스쳐 지나간다.

　한 배 안에 있지만 서로 하나일 수 없는 존재들, 우리 일행도 긴 일정을 같이하지만 하나인 듯 너무도 다른 객체로 존재하듯이, 친한 사람과도 친한 척하지 않고 잘 모르는 사람과도 친해질 수 없는 묘한 분위기는 배려에서 나오는 모습인지, 자기중심적 경향과 죄로 분리된 인생들의 모습인지, 같이 있지만 같이할 수 없는 먼 존재, 멀지만 또 가까운 존재, 우리는 그렇게 긴 여행의 끝자락에 와 있다.

　한 시간 좀 넘게 유람선을 탔다. 잠시 후 배에서 내리듯이 여행의 일정도 끝나갈 것이다. 각자의 가슴에 서로 다른 무엇인가를 간직하며, 여행지에서의 마지막 식사인 점심을 먹고 루브르 박물관을 가는 일정이 남았다.

　마음은 그냥 나의 조국, 나의 고향으로 돌아가고 싶다. 참 묘한 것이 어제 저녁까지만 해도 그냥 시간이 정지되면 좋겠다 싶을 정도로, 돌아가고 싶은 마음이 조금도 없었다. 그런데 파리는 더 이상 이곳에 있고 싶지 않다는 마음이 가득하게 한다. 빨리 돌아가고 싶다. 여기서는 왠지 모를 긴장과 불안감이 내내 가득하다.

루브르 박물관은 1190년 건축 당시는 요새였다. 16세기 중반에 왕궁으로 재건축, 1793년 중앙미술관으로 사용되면서 박물관이 되었다고 한다. 리슐리 외관, 설리관, 드농관 3개의 전시관이 중앙의 피라미드형 입구로 연결되어 있다. 200개가 넘는 방에 약 30만 점 이상의 그림과 조각 등의 작품들이 전시되고 있다고 한다. 모든 작품을 감상하려면 얼마나 많은 시간을 필요로 할까?

우리는 레오나르도 다빈치의 '모나리자'가 전시되어 있는 곳으로 갔다. 누군가는 매일 와서 모나리자만 보다가 갔다고 하는데, 짧은 오후 시간, 우리는 이곳을 잠깐 둘러보다가 출국을 하게 되니 작품을 감상하기보다 잠깐 입구에 들른 정도이다.

레오나르도 다빈치의 '모나리자'는 수없이 덧그리고 덧그린 그림이라고 한다. 이 그림 앞에는 발 디딜 틈 없이 많은 관람객이 있다. 옆에는 예수님의 가나 혼인잔치 그림도 있다. 그림을 잘 그리지 못하는 나에게 그림으로 표현된 작품들은 다른 세계의 사람들처럼 느껴진다. 어느 화가는 그림이 너무 쉽고 누구나 그릴 수 있다고 하지만, 나는 그림으로 뭔가를 잘 표현하는 것과는 거리가 먼 사람이다.

가이드는 일행에서 이탈되어 낙오되지 않기를 당부한다. 우리는 그리스 로마 시대 작품들이 전시된 곳으로 갔다. 세밀하게 표현된 고대 그리스 로마 시절에 조각한 아름다운 남녀 조각상들, 8등신이 여기서 유래한 듯하다. 아름다운 선을 가진 매혹적인 여인상들, 이런 작품이 있던 시대의 이면에는 어둠 속에서 인권을 잃은 많은 노예들이 있었을 것이고, 그들의 노동의 대가 위에 이런 여유로운 작품활동이 가능했으리라 생각하니 이름 없이 역사 속에 사라져간 그들의 슬픔이 교차한다.

이곳이 궁궐로 사용되어서인지 천장에는 궁중벽화가 있다. 박물관 안에 있는 나는 파리의 어느 곳보다 더 불편함이 느껴진다. 전쟁으로 빼앗은 탈취물들이 전시되어 있기 때문일까? 어떤 표현할 수 없는 억눌림의 기분들이 전달되는 듯하다. 빨리 이곳에서 나가고 싶다. 작품의 역사 속에 어떤 숨결들이 있기에 이렇게 불편할까? 너무 많은 인파 속에서 오는 불편함일까?

유리 피라미드가 있는 곳으로 나왔다. 양쪽 인공연못에 물이 맑게 일렁인다. 맑은 물은 사람의 기분을 좋게 만든다. 멀리 개선문도 보인다. 우리는 기념촬영을 하며 약간의 자유시간을 갖는다.

일행과 함께한 12박 13일의 일정의 끝자락이다.

시대마다 그 시대의 중심세력이 있고 주변의 약한 자들이 있다. 중심세력은 그들이 가진 힘을 과시하며 이득을 취하고 주변인들을 지배하는 데 그들이 가진 힘을 기꺼이 사용한다. 그래서 존재감 없는 주변인들은 중심세력의 위력에 늘 지배당하고 쩔쩔매는 것 같다.

그러나 위풍당당한 중심세력은 언제나 존재감 없는 주변 떨거지 같은 자들에 의해 그 힘이 쇠락된다.

힘은 과시용도 아니고 지배용도 아니다. 힘은 각각의 존재들이 가장 그 존재다움을 발휘하고 살아가는 길을 만들어 함께 기뻐할 수 있도록 잘 경영하라는 책임과 함께 부여된 것이다.

누군가를 억압하는 데 힘을 사용하려는 권세를 남용하는 세계에 있는 자들과 십자가에서 죽어가는 세계에 있는 자들은 언제나 동시에 역사 속에 존재한다.

중심세력은 지속적으로 힘을 갖기 위해서, 주변인들은 좀 더 나은 힘을 가지려고 하나님을 찾기도 하고 하나님을 배반하기도 한다. 어떤 주변인들은 세상나라의 힘이 아닌 평화라는 이름으로 오신 십자가의 힘을 갖고자 기꺼이 주변인이 되어간다.

참된 힘과 거짓된 힘을 때마다 분별하는 지혜, 변할 수 없는 십자가의 힘을 선택하는 내적 능력이 나에게는 얼마나 있을까? 어떤 교회를 세워야 하나? 이런 고민을 품고 조국으로 돌아가는 긴 비행을 시작한다.

개척하여 목회를 하면서 자칭 성도라는 분들의 삶의 자세와 내용은 끊임없이 나를 당혹스럽게 했다. 이 당혹스러움은 '무엇을 믿는가?' 라는 고민을 거듭하게 했다. 이 고민은 저들은 교회를 무엇이라고 생각하느냐로 이어졌고, 동시에 나의 교회론은 무엇인지 자문하게 되었다. 우리는 건강한 교회론을 잃어버린 것 같다. 어쩌면 건강한 교회론을 애초부터 모르고 있었을지도 모른다. 하나님께서 원하시는 교회는 어떤 교회일까? 누구나 교회는 '이래야 한다, 저래야 한다'는 막연한 생각을 일관성 없이 갖고 있다.

그러나 참된 교회, 하나님이 피로 세우시려는 교회, 하나님이 원하시는 교회의 내용됨에 대해서, 그 내용으로 채우기 위해 내가 믿는 바가 무엇인지, 살아내야 하는 삶은 어떤 것인지에 대한 진지한 고민과 답을 찾으려는 노력은 하지 않는 듯하다. 이 질문에 답을 찾는 삶을 살아내야 하는 것이 나의 과제이다.

비텐베르크 박물관에서 본 공동금고가 떠오른다. 세 개의 열쇠 중 하나는 시민대표가 가지고 있었다는 것이 함축하는 의미가 참으로 크다. 그 의미를 되새기며 주님께서 피 흘려 세우신 교회, 성령의 교제가 있는 교회, 신의 성품에 참여하는 교회, 예수의 향기가 담장을 넘어 나아가는 교회를 그려내는 시간들이 내게 주어진 미래일 것이다.

다리의 피부발진은 가라앉지 않고 살판이 났으나, 초반에 몸이 안 좋아 귀국한 목사님 내외도 있었는데, 이렇게라도 끝까지 참여할 수 있음에 감사할 뿐이다.

한국, 나의 조국

원주, 나의 사역지

그곳에 가고프다.

원주는 나의 연금술사이신 하나님의 손길이 나를 끊임없이 빚어

내고 계신 곳이다.
　그래서 고달프고
　그래서 기대가 되는 나의 인생, 나의 사역
　내 인생이 그분의 노래가 될 수 있기를….

나가는 글

'교회란 무엇이냐'는 질문은, 교회가 담고 있는 모든 것에 대한 질문이다.

하나님은 누구인가?

어떤 목적을 가지고 계신가?

신앙인은 어떤 존재인가?

성도의 삶의 방향과 목적은 무엇인가?

그들 공동체의 내용은 무엇인가?

세상과 교회는 어떤 관계인가?

500년 전 교회는 교권이 성경의 권위보다 우월하다고 했다. 저항자들은 교권주의에 빠진 자들을 비판했고, 성경의 절대권위를 주장했다.

주님은 "주는 그리스도시요 살아 계신 하나님의 아들이라"는 고백 위에, 주님의 교회를 친히 세우신다고 했다. 그렇다면 오늘 우리 중심에는 "주는 그리스도시요 살아 계신 하나님의 아들이라"는 고백이 있는가? 기독교 안에 깊이 관여된 사람들조차, 예수님이 그리스도로 십자가에서 죽으신 삶보다는 세상이 주는 힘을 더 소중히 여기기 일쑤다. 십자가에 달려 꼼짝 못하고 침묵하시는 하나님이라고 증거하는 것처럼, 우리는 매일의 삶에서 하나님을 외면하고 사는 것 같다.

무엇을 믿는지? 교회란 무엇인지? 나는 어떤 존재인지?
진지한 고민이 있기를 기대한다.

세상 속에서 위력을 행사할 수 있는 '중심'이 되기보다는, 십자가에서도 행복했던 예수를 품은 사람이 된다면, 주님이 주신 자유와 넉넉함을 기꺼이 발휘하여 주님의 향기로 이웃을 행복하게 할 수 있는 존재가 된다면, 이런 삶이 하나님 나라의 관점에서 보면 진정한 '중심'일 것이다.

후기

    종교개혁 500주년에 유럽 나들이를 하고 나서, 한 해가 끝나기 전에 사진을 정리해 개인 앨범이나 만들 생각이었다. 그런데 사진에 기록을 남기려고 글을 쓰다 보니 지금의 글이 되었다.

    유럽을 다녀온 후, 통일을 위한 기도를 하러 한반도의 배꼽에 해당하는 지역인 양구를 방문했다. 양구에는 배꼽마을이 있다. 전에 배꼽마을을 찾아가서 한반도에 생수의 강이 솟아나는 성령의 은혜를 구하는 기도를 몇 번 한 적이 있었다. 가칠봉 능선에 자리한 안보관광지인 을지전망대는 이번이 처음이다. 군사분계선과 가까이 있어서 북의 초소에서 근무하는 사람도 보이고, 날씨가 좋은 날에는 금강산도 보이는 곳이다.
    가칠봉 능선을 따라 전망대를 오를 때, 오른쪽이 북한이다. 북이 가까워서인지 머리에 지끈지끈 통증이 왔다. 북의 동포들을 위해서, 나누어진 나라를 위해서, 남북의 정치가들을 위해서 기도하며 전망대에 올랐다. 너무나도 가깝게 있는 북한이다. 군사분계선 너머로 북의 초소에서 근무하는 병사의 모습도 볼 수 있었다. 하나님의 은총이 내려진 걸까. 금강산 봉우리들이 보였다. 금강산 봉우리를 보며 통일을 위한 기도를 드렸다.

    제4땅굴도 방문했다. 무시무시한 분단의 현실이 가슴을 조여 왔

다. 분단이 빚어낸 민족의 아픔에 주님의 치료를 구하며, 원주로 돌아오는데 갑자기 앞에 일자형 무지개가 아련히 보인다. 무지개를 놓치지 않으려 하나, 도로가 구불구불하여 무지개가 보이다 안 보이다를 반복한다. 그런데 오른쪽에 또 일자형 무지개가 있다. 한 해에 세 번이나 쌍무지개를 보는 순간이다. 뭔가 특별한 일을 하나님이 준비하고 계실 것이라는 설렘으로 무지개를 바라보고 바라본다.

한반도에 평화가 이루어지기를, 개인적으로는 종교부지에 교회를 건립할 수 있는 은총까지 주시기를 기대해 본다. 지금으로서는 한반도의 평화나 교회 건립 모두 기적 같은 일이다. 1948년은 남한과 북한이 각기 건국된 해이다. 바벨론 포로 70년 만에 하나님은 유다 백성을 귀환케 하실 것을 약속하셨고, 그 일을 이루셨다. 우리 한반도 역사도 70년이 터닝포인트가 되어 통일이 될 수 있다면, 통일된 나라에서 후손들이 하나의 민족, 하나의 나라로 역량을 발휘하며 시대를 이끌어갈 수 있다면 얼마나 좋을까?

그런데 2018년 1월, 북이 평창 동계올림픽에 참여를 하고, 비핵화 선언도 하고, 4월 판문점에서 남북정상회담, 6월 남북공동 연락사무소 추진단도 결성되어 개성을 방문하고, 8월 이산가족 상봉, 9월 "평화, 새로운 미래"라는 표어 아래 평양에서 3차 회담이 열렸다. 그리고 이 글의 마지막 교정을 보는 12월, 남북철도 경의선 구간 공동조사가 이루어지고 있다. 이어지는 남북관계 개선 행진이 곧 종전선언과 평화의 울타리로 보호되는 한반도가 되길 간절히 기대한다.

　개인도, 공동체도, 국가도 소통이 원활하다면 얼마나 복된 일인가. 우리 문화의 코드가 단절이 아닌 소통이 되기를 바란다. 소통은 서로 상대의 입장으로 눈높이를 맞추면서 이루어지게 된다. 소통은 통합을 견인해 내는 힘이다. 소통을 위해 오신 예수님, 하나님과 소통의 길을 열어 주신 예수님, 예수님으로 인해 이웃과 참된 소통의 길이 열린 시대를 우리는 살고 있다. 이 복된 소통의 시대에 모퉁잇돌 역할을 하는 많은 중재자들로 인해 통합의 세상이 열리기를 기대한다.
　누가 통합을 위한 중재자의 삶을 자처할 것인가? 하나님은 오늘도 모퉁잇돌 역할을 할, 그 한 사람을 우리 삶의 자리 자리에서 찾고 계실 것이다. 그 한 사람으로 인해 우리 삶의 자리가 단절과 분열이 아닌 통합의 자리가 될 것이다. 하나님 나라는 그 한 사람으로 인해 공유되고 넓혀지고 세워지는 영광스런 평화의 나라다.

　이 글이 빛을 보기까지 수고를 아끼지 않고 함께해주신 분들께 허리 굽혀 감사하는 마음이다. 특히 유럽을 다녀올 수 있도록 긴 시간의 여유를 준 교우들은 목회자 부재 중에도 함께 모여 예배하며 교회의

역할을 잘 감당해 주었다. 또 함께했던 일행들, 사진을 제공해 주신 고마운 동역자들, 기꺼이 출판을 결정하신 대표님께 감사드린다.

  모든 분들께 하나님을 더 알아가며 친밀해지는 기쁨이 넘치기를 기원하며 필을 접는다.

저항자의
숨결을 찾아 떠난
소소한 이야기

1판 1쇄 인쇄 _ 2018년 12월 10일
1판 1쇄 발행 _ 2018년 12월 20일

지은이 _ 박순덕
펴낸이 _ 이형규
펴낸곳 _ 쿰란출판사

주소 _ 서울특별시 종로구 이화장길 6
편집부 _ 745-1007, 745-1301-2, 747-1212, 743-1300
영업부 _ 747-1004 FAX 745-8490
본사평생전화번호 _ 0502-756-1004
홈페이지 _ http://www.qumran.co.kr
E-mail _ qrbooks@gmail.com / qrbooks@daum.net
한글인터넷주소 _ 쿰란, 쿰란출판사
등록 _ 제1-670호(1988.2.27)
책임교열 _ 김유미·신영미

ⓒ 박순덕 2018   ISBN 979-11-6143-213-7 03230

※ 이 책의 수익은 전액 빛사랑교회 건축을 위해 사용됩니다.

책값은 뒤표지에 있습니다.
이 출판물은 저작권법에 의해 보호를 받는 저작물이므로 무단 복제할 수 없습니다.
파본(破本)은 구입처에서 교환해 드립니다.